国家出版基金项目
NATIONAL PUBLICATION FOUNDATION

河南藏甲骨集成

新鄉市博物館卷

一

總主編／李運富　本卷主編／郝永飛　本卷編纂／張新俊

中原出版傳媒集團
中原傳媒股份公司
河南美術出版社
·鄭州·

圖書在版編目（CIP）數據

河南藏甲骨集成．新鄉市博物館卷 / 李運富總主編；郝永飛本卷主編；張新俊本卷編纂．-- 鄭州：河南美術出版社，2024. 9. -- ISBN 978-7-5401-6684-7

Ⅰ. K877.13

中國國家版本館CIP數據核字第2024D25K69號

河南藏甲骨集成・新鄉市博物館卷

學術顧問　吴振武
總　主　編　李運富
本卷主編　郝永飛
本卷副主編　朱　旗　孫　静
本卷編纂　張新俊

出　版　人　王廣照
策　　劃　許華偉　康　華
責任編輯　白立獻　李　昂
責任校對　王淑娟　裴陽月
責任設計　劉運來
裝幀設計　陳　寧
責任印製　李躍奇
題　　字　吴振武
拍　　攝　吴曉春
出版發行　河南美術出版社
地　　址　鄭州市鄭東新區祥盛街 27 號
郵政編碼　450016
電　　話　（0371）65788157
製　　版　河南金鼎美術設計製作有限公司
印　　刷　鄭州印之星印務有限公司
開　　本　889mm × 1194mm　1/16
印　　張　42
字　　數　420 千字
版　　次　2024 年 9 月第 1 版
印　　次　2024 年 9 月第 1 次印刷
書　　號　ISBN 978-7-5401-6684-7
定　　價　1200.00 圓

河南藏甲骨文集成

吴振武题

◎國家社會科學基金重大項目『河南公家和民間藏甲骨的整理研究』（項目編號：23&ZD310）
◎『古文字與中華文明傳承發展工程』資助項目『河南藏甲骨文集成』（項目編號：G1001）
◎教育部、國家語委甲骨文等古文字研究與應用專項重點項目『河南所藏甲骨集成』（項目編號：YWZ-J016）
◎2023 年度國家出版基金資助項目
◎『十三五』國家重點圖書出版規劃增補項目
◎山東省社會科學規劃項目『平原博物院所藏甲骨的整理與研究』（項目編號：23BRWJ10）

總序

習近平同志指出，『漢字是中華文明的重要標志，也是傳承中華文明的重要載體』，『中國字是中國文化傳承的標志。殷墟甲骨文距離現在3000多年，3000多年來，漢字結構没有變，這種傳承是真正的中華基因』，因此『要重視發展具有重要文化價值和傳承意義』的甲骨文等古文字學科。作爲漢字發源地的河南省，古文字資源正是歷史賜予的一張重要的『文化名片』，河南擁有數千年連綿不斷的文字資源，品類豐富，數量龐大，然而河南究竟藏有多少古文字材料，却没人能説得清楚，因爲至今没有經過普查的詳明清單或總目提要。

我於2016年入職鄭州大學，那時就想摸一摸河南這方面的家底。我發現近年來王藴智先生曾對河南的古文字材料做過一些整理，但他基本上是以個人之力從事此項工作，搜集的材料主要是已經著録和公布的。而且圖片（拓片）主要來自已經出版的書刊，許多已不太清晰。河南省文物局也曾做過全省文物普查，但并未專門提取并著録文字資料。事實上，河南省各地區文物部門、博物館、文化館甚至民間，還藏着許多未被發現，或發現了但未被著録和整理的文字材料，所以現在河南省究竟有多少文字資源仍然是個謎。這種情形既不利於河南文字資源優勢的發揮和河南文化事業的復興，又不利於文化界、學術界對文字資料的全面利用。因此，重新整理河南文字資源家底，準確掌握全省文字資源的狀況，科學評估河南文字資源的價值，全面展示河南文字材料的面貌，是十分必要的。打好這個基礎，對建設河南文化高地的意義非常重大，對提升河南在全國和全世界的文化影響力也有積極作用，更是對習近平同志關於重視古文字研究系列講話精神的貫徹落實。

所以從2017年開始，我們就多次寫報告向有關部門建議開展『河南省古文字資源普查與集成』專項文化工程，并商議邀請河南省政協委員和媒體記者通過河南省兩會提出議案，還在《鄭州大學學報（哲學社會科學版）》上發表《學習習近平總書記有關講話精神，構築漢字文明高地，促進中原文化崛起》的文章進行呼籲。目前中宣部、教育部、國家語委等八部門正在開展『古文字與中華文明傳承發展工程』的工作，河南省人民政府是八部門之一。希望河南省的這項工程在國家工程的推動下能够真正得以實施。

這項文化工程有三個關鍵詞：『古文字資源』是指産生於古代（清代以前），具有歷史文化價值和文字學研究價值的各種文字資料，包括甲骨文、金文、陶文、璽印文字、兵器文字、磚瓦文字、碑刻文字、簡帛文字、石圭盟書等；『普查』是指對全省範圍内官方和民間所有古文字材料的大規模調查，包括文字材料的收藏地、出土地（或來源）、材質、品類、數量、時代、文字、内容、研究情況以及是否有過著録和公布等，通過普查和登記，分門別類地建立盡可能齊全的目録清單，并結合實物圖片做出簡介和價值評估，編撰《河南省古文字資料總目提要》，并建立便於檢索、查看的古文字資料數據庫；『集成』是指把普查所得的古文字材料按照一定體例，分類匯編成册，并利用現代科技手段，逐步出版圖文并茂的集成類叢書，如《河南藏甲骨集成》《河南藏金文集成》《河南藏簡牘文字集成》《河南藏碑刻文字集成》等，每類又可按地區或時代等標準分卷，如《河南藏甲骨集成·安陽博物館卷》《河南藏甲骨集成·開封博物館卷》等，共約100册。

這項工程得到了河南美術出版社原總編輯許華偉（現爲河南文藝出版社社長）、河南省文物局前局長田凱、河南大學文學院教授張新俊的支持。當時我們曾商議以出版的《陝西金文集成》爲榜樣，從河南金文集成做起，由河南省文物局和鄭州大學相關人員牽頭組織實施，由河南美術出版社負責編輯出版。張新俊教授作爲秘書負責三方聯絡。後來，我考慮到2019年是甲骨文發現120周年，最好從甲骨文做起，我們希望把《河南藏甲骨集成》中的某幾册作爲甲骨文發現120周年紀念活動的獻禮呈獻出來。於是，我請張新俊教授到河南各地做調查。他初步調查後認爲，河南各地公家單位收藏的有字甲骨約5000片，私家收藏的有字甲骨約10000片（其中可能有不少僞刻）。爲了穩妥，我們咨詢了吴振武、黄錫全等專家，决定先協商整理出河南公家收藏的甲骨文。

張新俊教授調入鄭州大學漢字文明傳承傳播與教育研究中心的願望一直没能實現，出於整理河南甲骨文材料的需要，我們聘請他爲兼職研究員，并支持他在漢字文明傳承傳播與教育研究中心以《河南藏甲骨集成》爲選題申報教育部、國家語委組織開展的2018年度甲骨文等古文字研究與應用專項科研項目，最終獲得通過。有了這個基礎，這項工作正式啓動，預計陸續有《河南藏甲骨集成·開封博物館卷》《河南藏甲骨集成·河南博物院卷》《河南藏甲骨集成·安陽博物館卷》《河南藏甲骨集成·新鄉市博物館卷》等多卷推出。

現在出版古文字資料，技術條件比以前先進多了，因而『集成』的整體質量也應該大大提高。我們設定的基本原則是：（1）求新，盡量發現更多未著録、未公布的新材料；（2）求全，未著録的、已著録而未公布的、已公布的材料，新舊合璧全面整合；（3）求精，包含所有原物的高清彩照，已有舊照的重新拍照，并且每片甲骨的正、反、上、下、左、右6個角度都拍；（4）求通，附加原材料的拓片、摹本，而且附有新舊不同的拓片和摹本，以便互相參考。

我於古文字雖有接觸，但未深入研究，特别是對古文字原材料并不熟悉，所以衹能做一些策劃、組織、協調和後勤服務方面的工作。好在我們中心又先後聘請了古文字大家黄錫全先生、宋鎮豪先生，我希望這項『河南省古文字資源普查與集成』工程及相應叢書的編撰工作，以後能在黄錫全先生、宋鎮豪先生的領導下繼續推進。同時我也希望此項目能够納入到由國家八部門牽頭開展的『古文字與中華文明傳承發展工程』中，得到該工程專家委員會的指導和幫助。

李運富　2021年1月1日

前言

位於河南省新鄉市的平原博物院，其前身是1949年9月成立的平原博物館，而新鄉則是舊平原省的省會。1952年，平原省被撤銷之後并入今河南、山東二省。雖然經歷了幾度整合，但平原博物館一直得以保存并延續至今。新鄉市博物館和平原博物院，祇是稱謂的不同而已，并没有本質上的區别。

根據《新鄉市博物館志》《新鄉市志》等書籍的記録，平原博物院在二十世紀四十年代末到五十年代初，曾經入藏過兩批甲骨：其一爲1949年平原博物館成立之前接收前晋冀魯豫行署、太行區在戰争年代保護下來的一批甲骨，其二爲1951年配合國家考古發掘團發掘清理安陽殷墟遺址所得的甲骨。[1]

平原博物院所藏甲骨最早的著録，是1955年出版的胡厚宣先生的《甲骨續存》。1953年，胡厚宣先生曾經到新鄉觀摹甲骨。《甲骨續存》[2]序言説：

到新鄉參觀人民圖書館，承杜静山館長出示文物展覽股所藏小片甲骨約二百片，選摹了二十七片。

胡先生文中提到的新鄉人民圖書館文物展覽股，就是今天平原博物院的前身，更早則可以追溯到1949年成立的平原省文物管理委員會文物組。《甲骨續存》一書還附有一個《采録數據索引表》，注明了所摹録的新鄉人民圖書館的27版甲骨：

下編 5 6 17 18 33 34 102 134 208 260 457 504 507 509 519 638 644 645 735 744 865 897 904 926 947 963 977

不過，根據學者們的研究，胡先生文中所提到的這27版甲骨，也有部分不屬於平原博物院所藏者，如第18、507、519、644、744等，具體原因還有待進一步探討。

1 程名卉：《散見刻辭甲骨的搜匯與整理》，復旦大學碩士學位論文（指導教師：蔣玉斌研究員），2022年5月，第82頁。

2 胡厚宣：《甲骨續存》，群聯出版社，1955年，第12頁。

根據《甲骨文合集材料來源表》，標明『新鄉博（新鄉市博物館）』、『新鄉圖（新鄉市圖書館）』的共有34版甲骨。但實際上衹有21版[1]著録於《甲骨文合集》（以下簡稱《合集》）。另外有13版甲骨[2]未見著録。1996年出版的《甲骨續存補編》（以下簡稱《續存補》），著録了3版甲骨[3]。1999年出版的《甲骨文合集補編》（以下簡稱《合補》），著録了3版甲骨[4]。

1999年，平原博物院的朱旗先生在《新鄉市博物館館藏甲骨》（以下簡稱《新鄉》）[5]上公布了該院所藏93版甲骨拓片及231版甲骨釋文。2015年，朱先生又在《新鄉》[6]上公布了館藏232版甲骨的拓片和釋文，指出其中11版[7]著録於《合集》。2021年，平原博物院的王麗娟女士在《甲骨文與殷商史》新十一輯上發表《新鄉市博物館藏殷墟甲骨文介紹》（以

1 這21版甲骨是：《合集》1498=《新鄉》9、《合集》2165=《新鄉》88、《合集》3040=《新鄉》6、《合集》3105=《新鄉》55、《合集》3124=《新鄉》3、《合集》4299（正、反1）=《新鄉》1（正、背）、《合集》4466（缺反）=《新鄉》4（正、背）、《合集》12693=《新鄉》2、《合集》12824=《新鄉》58、《合集》17912=《新鄉》12、《合集》18277=《新鄉》8、《合集》18931=《新鄉》10、《合集》30127=《新鄉》193、《合集》35358=《新鄉》168、《合集》35456=《新鄉》158、《合集》36011=《新鄉》196+197、《合集》36500（《合集》36497下半）=《新鄉》194、《合集》36606=《新鄉》159、《合集》37521=《新鄉》160、《合集》37870=《新鄉》157、《合集》41154=《新鄉》79。

2 這13版甲骨分別爲：《合集》1991、《合集》2069、《合集》2283、《合集》8056、《合集》12509、《合集》15238、《合集》17503、《合集》18087、《合集》18292、《合集》32298、《合集》35524、《合集》37507、《合集》40064。

3 這3版甲骨是：《續存補》1.108=《新鄉》76、《續存補》1.109.1=《新鄉》75、《續存補》1.109.2=《新鄉》157。

4 這3版甲骨是：《合補》1716、《合補》2629、《合補》11233中部。

5 朱旗：《新鄉市博物館館藏甲骨》，《黃河文化》1999年第2、3期。

6 朱旗：《新鄉市博物館館藏甲骨》，《華夏考古》2015年第3期。

7 朱先生文中所指出的這11版甲骨是：《新鄉》1=《合集》4299、《新鄉》4=《合集》4466、《新鄉》6=《合集》3040、《新鄉》12=《合集》17912、《新鄉》55=《合集》3105、《新鄉》158=《合集》35456、《新鄉》159=《合集》3752、《新鄉》160=《合集》36606、《新鄉》161=《合集》36660、《新鄉》168=《合集》35358、《新鄉》194=《合集》36497。但是根據王麗娟女士的核實，朱先生文中所提供的數據有個別錯誤，即《新鄉》161≠《合集》36660，《新鄉》194≠《合集》36497。《新鄉》194=《合集》36500。但是，我們在本次整理過程中，并没有發現《新鄉》194=《合集》36500這版甲骨。

下簡稱《介紹》）一文，公布了12版甲骨[1]的照片。又，經過王先生核查實物，不屬於平原博物院的甲骨有14版[2]。

關於平原博物院所藏甲骨的數量，一直有不同的數據。比如學界有480、500、231、232、313版等説。[3]另外，甲骨真僞方面，也存在一定的出入。根據王麗娟女士的説法，『這313片甲骨，裝在7個錦盒裏。其中309片是真刻，4片是僞刻。4片僞刻中，有2片完整的龜腹甲，1片較大的牛肩胛骨殘片，1片較大的牛肱骨殘片。從字形和辭例看，一眼就能辨出真僞。』2023年4月，我們對平原博物院所藏的甲骨進行了整理，所見到的甲骨共有310版。其中有真品302版，僞刻8版。

甲骨拓片的優劣，對甲骨文研究的重要性自不待言。[4]科技條件日新月异，今後對甲骨學的深入研究，還需要藉助於清晰的照片。在這裏我們想簡單談一談平原博物院所藏一版甲骨的釋讀問題。

---

1 這12版甲骨是：《介紹》46.1=《合集》35524=《續存下》977、《介紹》47.2、《介紹》47.3=《新鄉》96、《介紹4》=《續存下》926=《合集》37521=《新鄉》160、《介紹》5=《續存下》9102=《合集》12693=《新鄉》2、《介紹》6=《續存下》865=《合集》35456=《新鄉》158、《介紹》7=《新鄉》161、《介紹》8=《續存下》947=《合集》36606=《新鄉》159、《介紹》9=《續存下》904=《合集》35358=《新鄉》168、《介紹》10=《新鄉》166、《介紹》11=《新鄉》156、《介紹》12=《續存下》645=《新鄉》60。

2 這14版甲骨是：《合集》1191=《續存下》217、《合集》1191、《合集》2283=《續存下》214、《合集》8056=《續存下》17、《合集》1191=《續存下》124、《合集》15238=《續存下》213、《合集》17503正=《續存下》21（正）、《合集》18087=《續存下》507、《合集》18292、《合集》32298=《續存下》744、《合集》37507、《合集》40064=《續存下》18。《續存下》644、《續存下》519都没有被收入《合集》。參看王麗娟《介紹》。

3 480版之説，源自胡厚宣《八十五年來甲骨文材料之再統計》，《史學月刊》1984年第5期。500版之説，源自胡厚宣《大陸現藏之甲骨文字》，《國立『中央研究院』歷史語言研究所集刊》第67本4分，1996年。231版之説，源自朱旗《新鄉市博物館館藏甲骨》，《黄河文化》1999年第2、3期，此説爲孫亞冰、葛亮所襲。見孫亞冰《百年來甲骨文材料統計》，《故宫博物院院刊》2006年第1期。葛亮《一百二十年來甲骨文材料的初步統計》，《漢字漢語研究》2019年第4期。232版之説，源自朱旗《新鄉市博物館館藏甲骨》，《華夏考古》2015年第3期。313版之説，源自王麗娟《介紹》。

4 劉菲、薩仁高娃：《國家圖書館藏善齋甲骨新舊拓本比勘》，《文津學志》2021年第2期。

朱旗先生的《新鄉》第112號（本書第079號）是一版出組二類風格的卜辭。該版甲骨上殘存有4字，其中1字爲殘字。朱旗先生的釋文如下：

貞：祖丁……

由於拓片的效果不太理想，致使『貞』右邊的文字無法顯示，這也給文字的釋讀帶來了誤解。程名卉先生把釋文做了調整，改作：

……貞：且（祖）丁……

實際上，從彩色照片來看，這版甲骨的圖版倒置了。轉正之後的釋文爲：

丁酉貞：……

這版甲骨上的『丁』字刻得也很像『口』形。『酉』字刻作，『酉』上的兩個橫畫，向左右兩邊都衝過了，從拓片上看接近形。這種寫法的『酉』字，過去在賓組卜辭、出組卜辭中都極爲常見。不過，如果仔細查看照片的話，不難發現，『丁酉』二字的筆畫其實都有經過二次加刻工序。從加刻後的文字來看，『丁』字寫作常見的『口』形，『酉』字則作『』形。這種二次加刻的現象，在平原博物院所藏甲骨中還十分常見，估計在殷墟甲骨卜辭中也是較爲普遍的現象。

另外，經過校正之後，從照片來看，『貞』字左邊的字存有『木』『止』之形，我們認爲它應該是『楚』的殘字。甲骨文中的『楚』字寫作『』『』『』等形，[1]與本版甲骨上的殘字形體極爲接近。卜辭中的『楚』多用作地名，衹是這一版卜辭殘缺過甚，無法知道其具體用法。

1 李宗焜：《甲骨文字編》，中華書局，2012年，第503—504頁。

凡例

一、本書收録的是新鄉市博物館所藏的甲骨，共310版。其中第303版—310版所收爲真僞較爲可疑的甲骨。

二、本書所收甲骨的編排順序，基本上參照黄天樹先生甲骨斷代學的早晚序列排列。時代較早的師組卜辭在前，繼以賓組、歷組、出組、何組、黄組卜辭。個别不能確定組類的甲骨，則排在黄組之後。能進一步確定其組類者，則署以賓組三類、歷組二類、出組二類、何組一類等文字。

三、本書收録的甲骨，采用6面彩照，包括甲骨的正、反面以及上、下、左、右4個側面。正面彩版，放大約4.5倍，以便學者研究及書法愛好者之需。

四、爲了能使甲骨圖版彩版、拓本上的文字相對照，本書附上甲骨摹本。

五、每一版甲骨，按照編號、材質部位、著録、類别、館藏編號、釋文的順序加以標明。如果有刮削重刻、文字殘存筆畫、甲骨文字塗朱、綴合信息等特殊情况，則適當加以説明。

六、本書所用甲骨拓本爲新鄉市博物館舊有拓片複印本。《甲骨文合集》《甲骨續存》下有收録者，則附上相關拓本以做比較。另有個别甲骨拓本缺失，暫時附上局部放大彩版，實乃權宜之計。

七、本書釋文，采用隸釋從寬的原則，比如『鼎』字徑釋作『貞』。卜辭中缺失的文字，能够確定數量者，盡可能以『□』補出；不能確定數量或缺失三字以上者，以『……』補出；如果能够按照同文卜辭補出者，則以『〔　〕』表示；對於釋讀有疑問的字，用（？）表示。

目録

有字甲骨……一
僞刻甲骨……六一四
引用資料簡稱表……六二三
圖片索引……六二四
後記……六五七

有字甲骨

編　號：001
材質部位：牛胛骨
著　録：《新鄉》47
類　别：師組肥筆類
館藏編號：024
釋　文：□子卜……

001 照片

正面

反面

上面

下面

左面

右面

001 拓片

001 摹本

編號：002

材質部位：龜腹甲

著錄：《新鄉》78

類別：師組小字類

館藏編號：400

釋文：(1)癸……貞……

(2)〔□□〕卜，王乎……伐……

002 照片

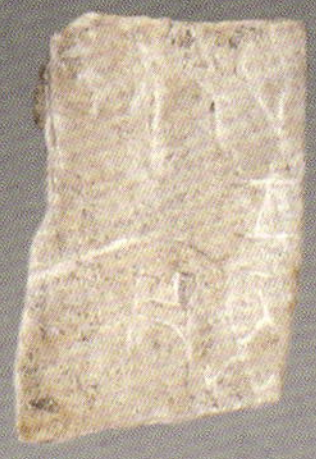

正面

反面

上面

下面

左面

右面

002 拓片

002 摹本

編號：003

材質部位：龜腹甲　中甲

著錄：《續存下》102，《新鄉》2，《介紹》5，《合集》12693

類別：師賓間類

館藏編號：161

釋文：(1)甲戌〔卜〕……侯角……

(2)多□……

(3)庚午卜，〔壬〕申雨……□。

(4)戊辰卜，□。

說明：(1)中甲右側殘存『隹』形。『多』下一字，一般釋作『雨』。此字亦有可能是『冒』形之殘。『多冒』亦師組小字類中常見人名。

(2)『侯』字的刻寫犯兆。卜辭之間有界劃。

003 照片

正面

反面

上面

下面

左面

右面

003 拓片

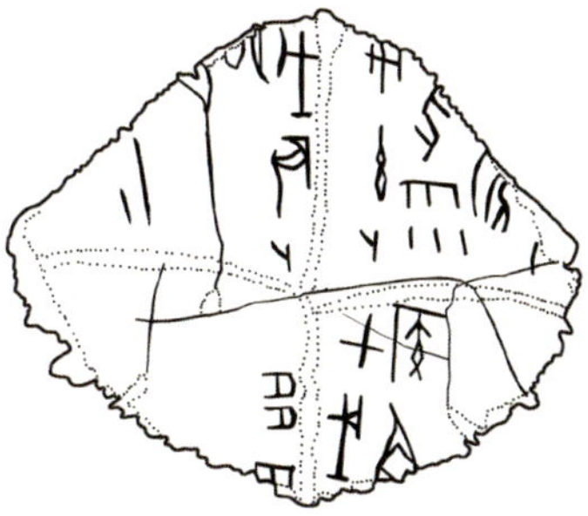

003 摹本

編號：004
材質部位：龜腹甲　中甲
著錄：《新鄉》21
類別：師賓間類
館藏編號：160
釋文：(1)……以……奏……月
(2)甲午……㞢……
說明：『㞢』上有文字殘畫，不識。

004 照片

正面

反面

上面

下面

左面

右面

004 拓片

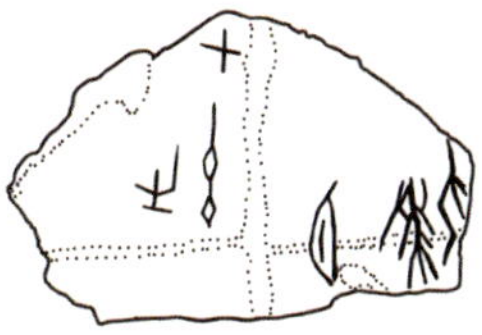

004 摹本

編　號：005
材質部位：龜腹甲
著　錄：《新鄉》88
類　別：師賓間類
館藏編號：054
釋　文：……〔王〕㞢父……父辛率……□……。一
說　明：『父辛』之『父』左側殘存有一豎筆，或釋『牛』，不能確定。
左邊似有刮痕。

005 照片

正面

反面

上面

下面

左面

右面

005 拓片

005 摹本

編號：006
材質部位：龜腹甲
著錄：《新鄉》58
類別：師賓間類
館藏編號：414
釋文：貞：叀……奏……雨。一

006照片

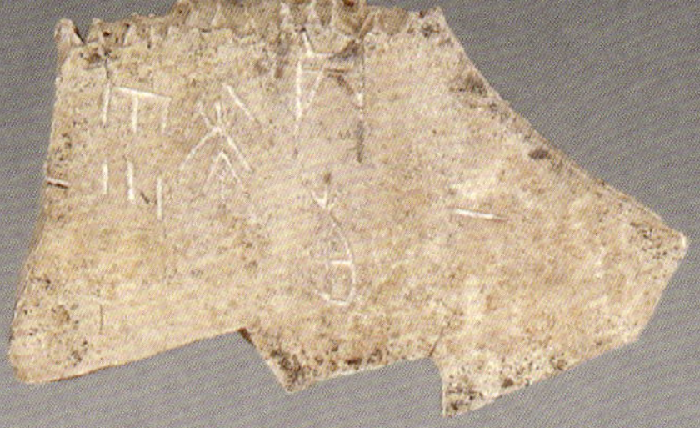

正面

反面

上面

下面

左面

右面

006 拓片

006 摹本

編　　號：007
材質部位：龜腹甲
著　　録：《新鄉》103
類　　别：師賓間類
館藏編號：399
釋　　文：□亥卜……酉……宰……　一
説　　明：「宰」字左側竪筆已殘。

007 照片

正面

反面

上面

下面

左面

右面

007 拓片

007 摹本

編　號：008
材質部位：龜腹甲
著　録：《新鄉》12
類　別：賓組
館藏編號：060
釋　文：……□……三千……
説　明：『三千』右邊一字下部爲『人』形，不識。

008 照片

正面

反面

上面

下面

左面

右面

008 拓片

008 摹本

編　號：009
材質部位：龜腹甲
著　録：《新鄉》7
類　別：賓組
館藏編號：028
釋　文：庚戌卜……勿……墉……一

009 照片

正面

反面

上面

下面

左面

右面

009 拓片

009 摹本

編　　號：010
材質部位：龜腹甲
著　　錄：《新鄉》1（正、背）
類　　別：賓組
館藏編號：056
釋　　文：正：貞：勿乎商臨丞……
反：永（？）入十。在章。
說　　明：『章』字僅殘存上部『亯』形。『商』左上角『人』形似非文字。

010照片

正面

反面

上面

下面

左面

右面

010拓片（正面）

010拓片（反面）

010摹本（正面）

010摹本（反面）

編　號：011
材質部位：龜腹甲
著　録：《新鄉》10
類　別：賓組
館藏編號：048
釋　文：庚〔午〕……勿□……臣□……
説　明：(1)「勿」下殘字不識。
(2)「勿」左邊一字舊多識作「臣」，從照片看，「臣」左邊仍有筆畫。或以爲是「取」字。
(3)「庚」字漏刻横畫。

011 照片

正面

反面

上面

下面

左面

右面

011 拓片

011 摹本

編　號：012

材質部位：龜腹甲　甲橋

著　錄：《新鄉》4（正、背）

類　別：賓組

館藏編號：無

釋　文：正：貞，叀邑令于我。

反：……㱿……

012照片

正面

反面

上面

下面

左面

右面

012拓片（正面）

012拓片（反面）

012摹本（正面）

012摹本（反面）

編號：013
材質部位：龜腹甲
著錄：《新鄉》32
類別：賓組
館藏編號：413
釋文：……史……

013照片

正面

反面

上面

下面

左面

右面

013拓片

013摹本

編　　號：014
材質部位：龜腹甲
著　　録：《新鄉》17
類　　別：賓組
館藏編號：396
釋　　文：……☐寅卜，争……乙……
説　　明：『卜』下一字爲『争』之殘。『乙』左邊殘存一字，不識。

014照片

正面

反面

上面

下面

左面

右面

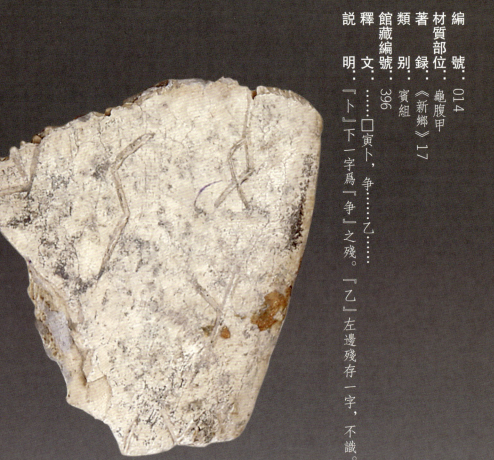

014 拓片

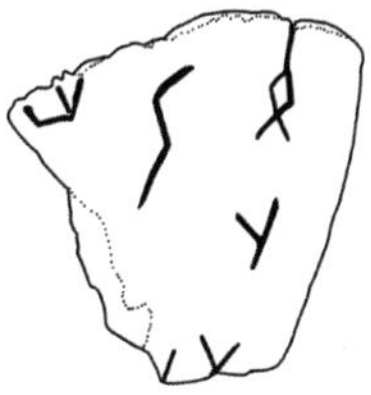

014 摹本

編號：015
材質部位：龜腹甲
著録：《新鄉》16
類別：賓組
館藏編號：105
釋文：……不……畀……

015照片

正面

反面

上面

下面

左面

右面

015 拓片

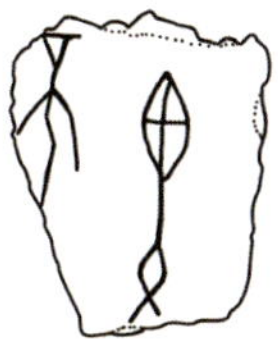

015 摹本

編號：016
材質部位：龜腹甲
著錄：《新鄉》33
類別：賓組
館藏編號：313
釋文：……九□……
説明：『九』下一字似爲〔旬〕之殘。

016照片

正面

反面

上面

下面

左面

右面

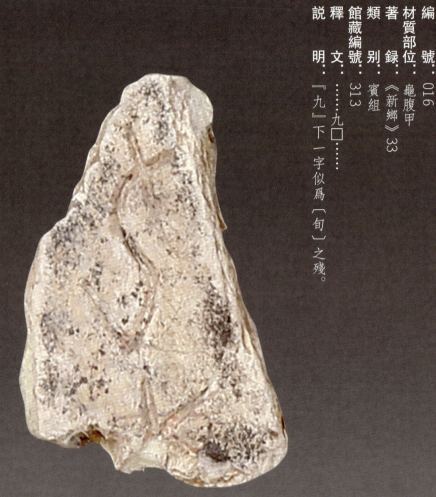

016 拓片

016 摹本

編　號：017
材質部位：龜腹甲
著　録：《新鄉》30
類　別：賓組
館藏編號：無
釋　文：……辛……㞢其……

017 照片

正面

反面

上面

下面

左面

右面

017 拓片

017 摹本

編號：018
材質部位：龜腹甲　右前甲
著錄：《新鄉》31
類別：賓組
館藏編號：083
釋文：……王……　四
説明：右上有『乙』形筆畫，下邊亦有殘字，不識。

018 照片

正面

反面

上面

下面

左面

右面

018拓片

018摹本

編　號：019
材質部位：牛胛骨
著　録：無
類　別：賓組
館藏編號：030
釋　文：□□卜，争『貞』……乘……

019照片

正面

反面

上面

下面

左面

右面

019 照片（局部）

019 摹本

編　號：020
材質部位：龜腹甲
著　録：《新鄉》130
類　別：賓組
館藏編號：325
釋　文：……今夕……

020 照片

正面

反面

上面

下面

左面

右面

020 拓片

020 摹本

編　號：021
材質部位：龜腹甲
著　録：《新鄉》43（正、背）
類　別：賓組
館藏編號：無
釋　文：正：二告　三
反：『王』固曰……

021 照片

正面

反面

上面

下面

左面

右面

021 拓片（正面）

021 拓片（反面）

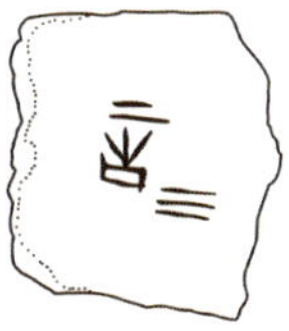

021 摹本（正面）

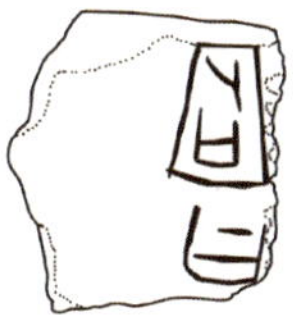

021 摹本（反面）

編號：022
材質部位：龜腹甲　中甲
著録：無
類別：賓組
館藏編號：216
釋文：……𢀛……　小告

022 照片

正面

上面

下面

反面

左面

右面

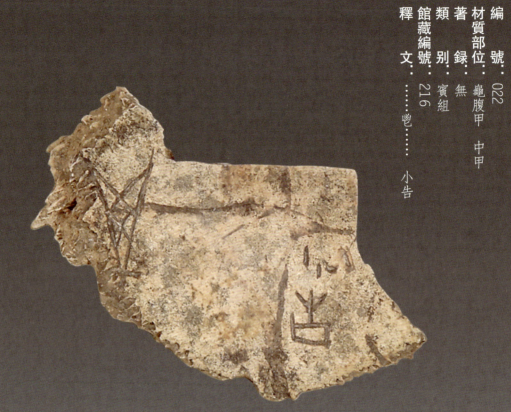

022 拓片

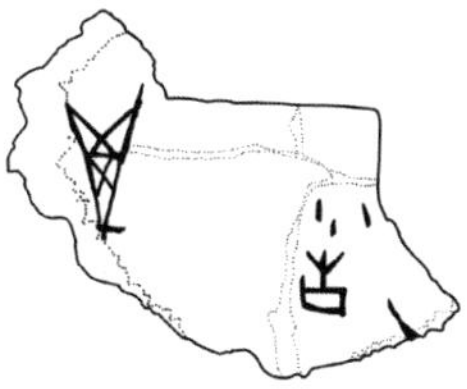

022 摹本

編　號：023

材質部位：龜腹甲

著　録：《新鄉》34

類　別：賓組

館藏編號：240

釋　文：……貞（？）……隹……

説　明：(1)『隹』形右邊有殘字，不識。

(2) 反面似有『一』字。

023 照片

正面

反面

上面

下面

左面

右面

023 拓片

023 摹本

編號：024
材質部位：龜腹甲
著録：《新鄉》119
類別：賓組
館藏編號：205
釋文：……帝……　六
説明：『帝』左邊似有一字，不識。『帝』爲覆刻文字。

024 照片

正面

反面

上面

下面

左面

右面

024 拓片

024 摹本

編　號：025
材質部位：龜腹甲
著　錄：《新鄉》13（正、背）
類　別：賓組
館藏編號：027
釋　文：正：……翌□□不其易〔日〕。一　一　二
反：『王』固曰……

025 照片

正面

反面

上面

下面

左面

右面

025 拓片（正面）

025 拓片（反面）

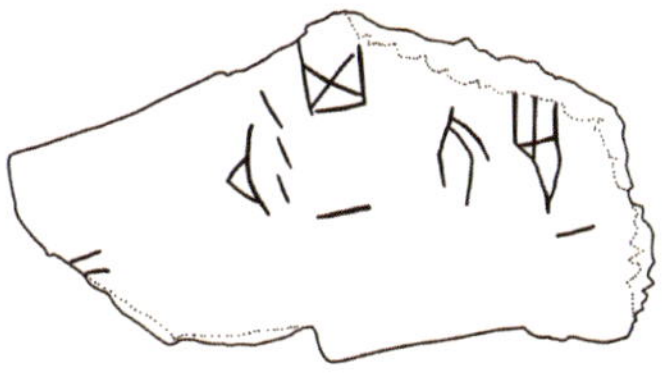

025 摹本

編　　號：026
材質部位：龜腹甲
著　　錄：《新鄉》5
類　　別：賓組
館藏編號：006
釋　　文：(1)乙……貞……王……一。
(2)……其……　七月。
說　　明：『其』上一字似爲『雨』或『不』之殘。

026 照片

正面

反面

上面

下面

左面

右面

026 拓片

026 摹本

編　　號：027

材質部位：龜背甲

著　　録：《新鄉》23

類　　别：賓組

館藏編號：157

釋　　文：(1)己……貞……

(2)……□……

説　　明：左上殘存「[illegible]」形，不識。或以爲是「卣」之殘。

027 照片

正面

反面

上面

下面

左面

右面

027 拓片

027 摹本

編　號：028
材質部位：龜腹甲
著　錄：無
類　別：賓組
館藏編號：417
釋　文：□□卜，永（？）貞……
説　明：『貞』上一字似爲『永』字。

028 照片

正面

反面

上面

下面

左面

右面

028 照片（局部）

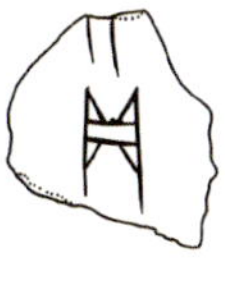

028 摹本

編號：029
材質部位：龜腹甲
著錄：《新鄉》48
類別：賓組
館藏編號：381
釋文：……不其……　一　二

029 照片

正面

反面

上面

下面

左面

右面

029 拓片

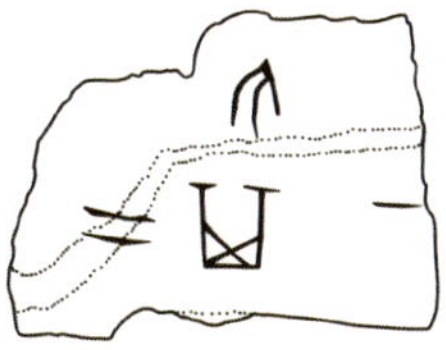

029 摹本

編　號：030
材質部位：龜腹甲
著　録：《新鄉》14
類　別：賓組
館藏編號：365
釋　文：……□〔戌〕卜，□貞：方……
説　明：『方』上一字可能爲『貞』之殘。

030 照片

正面

反面

上面

下面

左面

右面

030 拓片

030 摹本

編號：031
材質部位：龜腹甲
著錄：《新鄉》27
類別：賓組
館藏編號：387
釋文：……翌……我……

031 照片

正面

反面

上面

下面

左面

右面

031 拓片

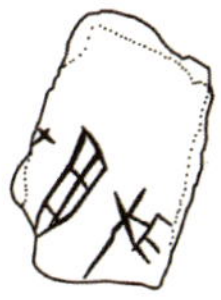

031 摹本

編　號：032
材質部位：龜腹甲
著　錄：《新鄉》128
類　別：賓組
館藏編號：無
釋　文：己亥貞：今……

032 照片

正面

反面

上面

下面

左面

右面

032 拓片

032 摹本

編　號：033
材質部位：牛胛骨
著　録：《新鄉》134
類　別：賓組
館藏編號：無
釋　文：……□網□……
說　明：『網』字之上似爲『雨』之殘。『網』下殘字，不識。

033 照片

正面

反面

上面

下面

左面

右面

033 拓片

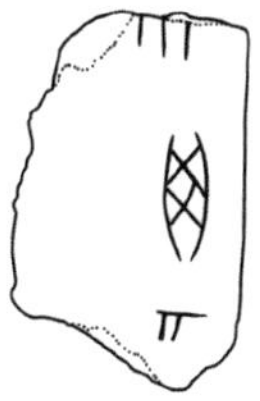

033 摹本

編號：034
材質部位：龜腹甲
著錄：無
類別：賓組
館藏編號：137
釋文：□子「卜」……
説明：右邊殘存有「殳」形，或認爲是「殸」字。

034 照片

正面

反面

上面

下面

左面

右面

034 拓片

034 摹本

編　號：035

材質部位：龜腹甲

著　録：《新鄉》151

類　別：賓組

館藏編號：394

釋　文：□□卜，賓『貞』：……今……

釋　文：右邊殘存有『[illegible]』形。

035 照片

正面

反面

上面

下面

左面

右面

035 拓片

035 摹本

編　號：036
材質部位：龜腹甲
著　録：《新鄉》146
類　別：賓組
館藏編號：119
釋　文：……勿令（？）……

036 照片

正面　反面

上面　下面　左面　右面

036 拓片

036 摹本

編　號：037
材質部位：龜腹甲
著　錄：《新鄉》50
類　別：賓組
館藏編號：158
釋　文：……㱿……于……

037 照片

正面

反面

上面

下面

左面

右面

037 拓片

037 摹本

編　號：038
材質部位：龜腹甲
著　錄：《新鄉》48
類　別：賓組
館藏編號：291
釋　文：正：……王……亡……
反：……癸（？）……

038 照片

正面

反面

上面

下面

左面

右面

038 拓片（正面）

038 照片（反面局部）

038 摹本（正）

038 摹本（反）

編　　號：039
材質部位：龜腹甲
著　　錄：《新鄉》150
類　　別：賓組
館藏編號：144
釋　　文：……貞……于……
說　　明：『貞』左邊一字可能爲『已』形之殘。

039 照片

正面

反面

上面

下面

左面

右面

039 拓片

039 摹本

編　號：040
材質部位：龜腹甲
著　録：《新鄉》35
類　別：賓組
館藏編號：197
釋　文：癸酉……

040 照片

正面

反面

上面

下面

左面

右面

040 拓片

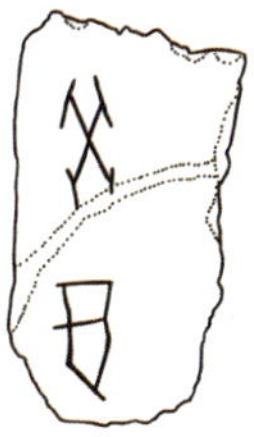

040 摹本

編　號：041
材質部位：龜腹甲
著　錄：《新鄉》26
類　別：賓組
館藏編號：067
釋　文：……以……囚……
說　明：右下角似有兆序『二』字。

041 照片

正面

反面

上面

下面

左面

右面

041 拓片

041 摹本

編　號：042
材質部位：龜腹甲
著　録：《新鄉》28
類　別：賓組
館藏編號：276
釋　文：……我……　二

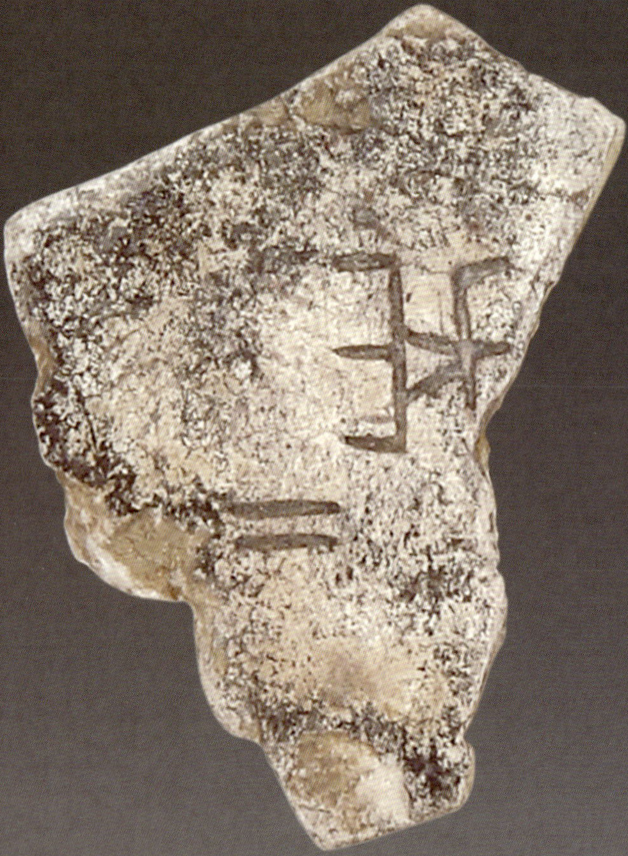
042 照片

正面

反面

上面

下面

左面

右面

042 拓片

042 摹本

編　　號：043
材質部位：龜腹甲
著　　録：無
類　　別：賓組
館藏編號：249
釋　　文：……㞢……

043照片

正面

反面

上面

下面

左面

右面

043 照片（局部）

043 摹本

編號：044
材質部位：龜腹甲
著録：《新鄉》232
類別：賓組
館藏編號：188
釋文：……貞……
説明：『貞』上有殘字。本版甲骨文字塗朱。

044 照片

正面

反面

上面

下面

左面

右面

044 拓片

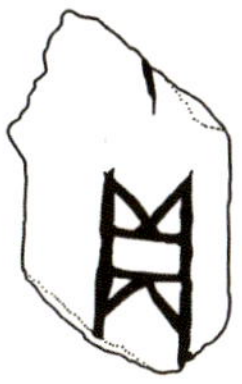

044 摹本

編號：045
材質部位：龜腹甲
著録：無
類別：賓組
館藏編號：385
釋文：戊……
説明：(1)『戊』形左邊有殘存文字筆畫。
(2)本版甲骨文字塗朱。

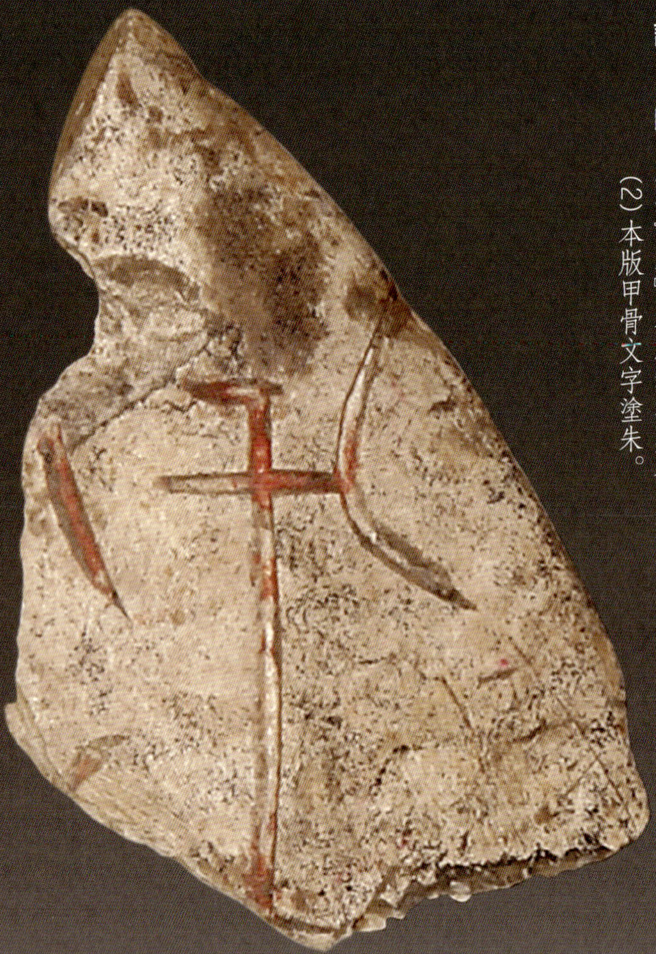

045 照片

正面

反面

上面

下面

左面

右面

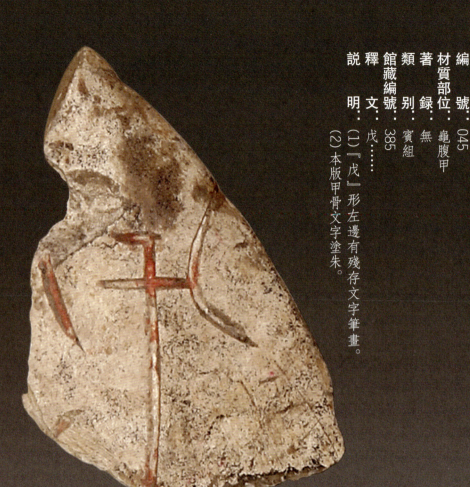

045 照片（局部）

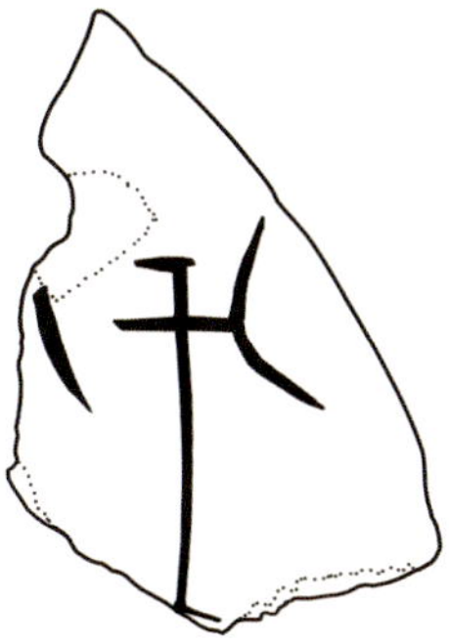

045 摹本

編　號：046
材質部位：龜腹甲
著　録：無
類　別：賓組
館藏編號：035
釋　文：……貞……

046照片

正面

反面

上面

下面

左面

右面

046 照片（局部）

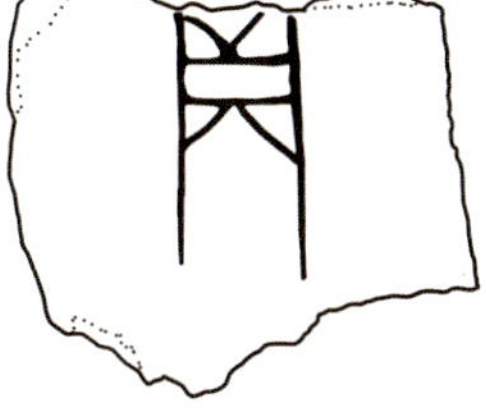

046 摹本

編　號：047
材質部位：龜背甲
著　錄：《新鄉》11
類　別：賓組
館藏編號：213
釋　文：(1)貞……雨……二
(2)貞……其……一
說　明：從照片看，上一『貞』字似爲覆刻。

047 照片

正面

反面

上面

下面

左面

右面

047 拓片

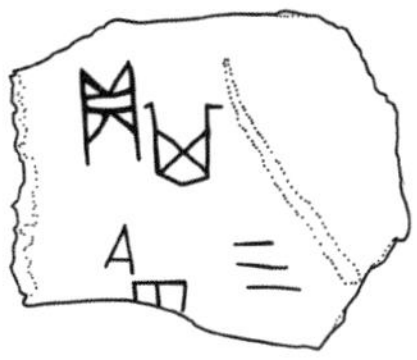

047 摹本

編　號：048
材質部位：龜腹甲
著　録：《新鄉》52
類　別：賓組
館藏編號：無
釋　文：……王……受……

048 照片

正面

反面

上面

下面

左面

右面

048 拓片

048 摹本

編號：049
材質部位：龜腹甲
著録：無
類別：賓組
館藏編號：379
釋文：〔王〕固〔曰〕……

049 照片

正面

反面

上面

下面

左面

右面

049 照片（局部）

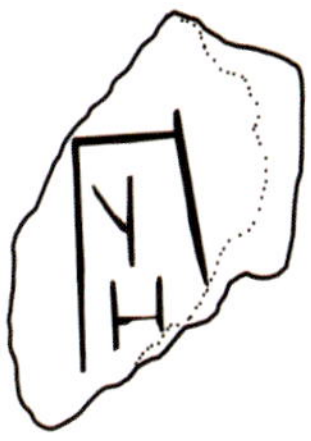

049 摹本

編號：050
材質部位：龜腹甲
著錄：無
類別：賓組
館藏編號：159
釋文：……貞……

050 照片

正面

反面

上面

下面

左面

右面

050 照片（局部）

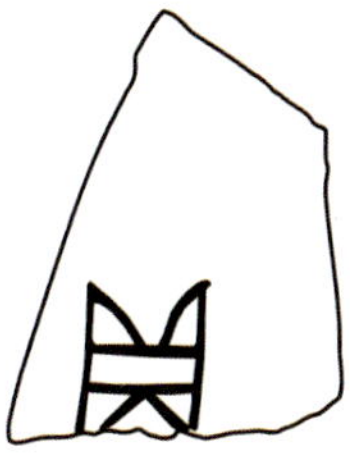

050 摹本

編　　號：051
材質部位：龜腹甲
著　　録：無
類　　別：賓組
館藏編號：383
釋　　文：……夕……

051 照片

正面

反面

上面

下面

左面

右面

051 照片（局部）

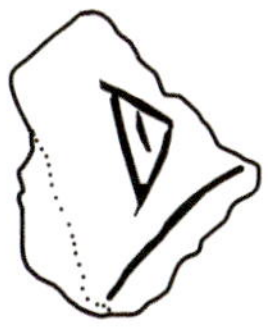

051 摹本

編號：052
材質部位：龜腹甲
著錄：《新鄉》53
類別：賓組
館藏編號：337
釋文：……申……

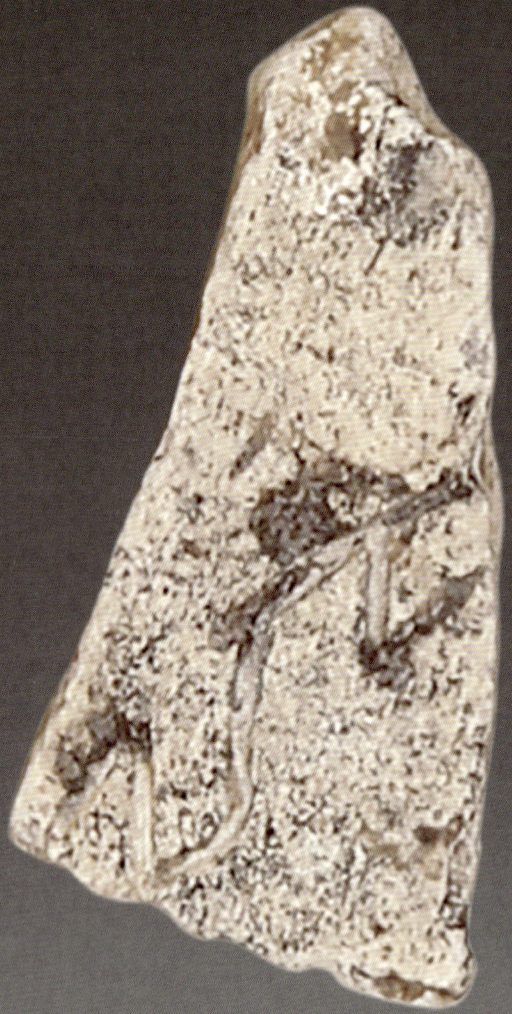

052照片

正面

反面

上面

下面

左面

右面

052 拓片

052 摹本

編　號：053
材質部位：牛胛骨
著　録：無
類　別：賓組
館藏編號：353
釋　文：……貞……

053 照片

正面

反面

上面

下面

左面

右面

053 照片（局部）

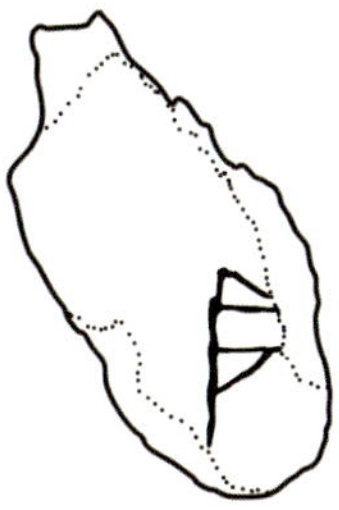

053 摹本

編　號：054
材質部位：牛胛骨
著　録：無
類　別：賓組
館藏編號：345
釋　文：……不雨……
説　明：『不』字右邊，殘存『雨』字。

054 照片

正面

反面

上面

下面

左面

右面

054 照片（局部）

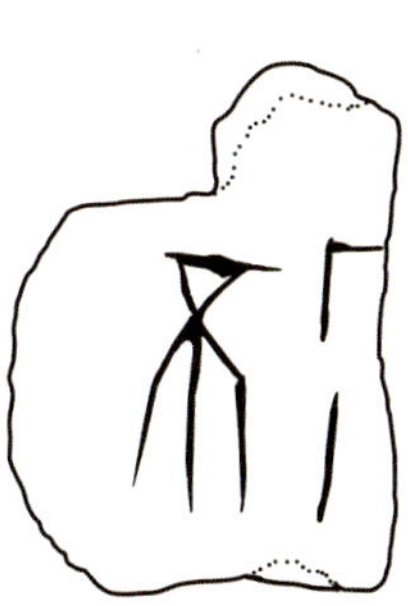

054 摹本

編號：055
材質部位：龜腹甲
著錄：無
類別：賓組
館藏編號：421
釋文：……貞……

055 照片

正面

反面

上面

下面

左面

右面

055 照片（局部）

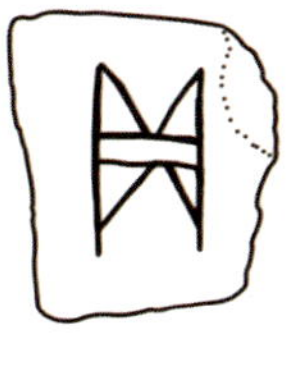

055 摹本

編　　號：056

材質部位：龜腹甲

著　　錄：《新鄉》22（正、背）

類　　別：賓組

館藏編號：090

釋　　文：正：……貞……不……

反：……隹……

說　　明：『貞』上有殘字筆畫，不識。

056 照片

正面

反面

上面

下面

左面

右面

056 拓片（正面）

056 拓片（反面）

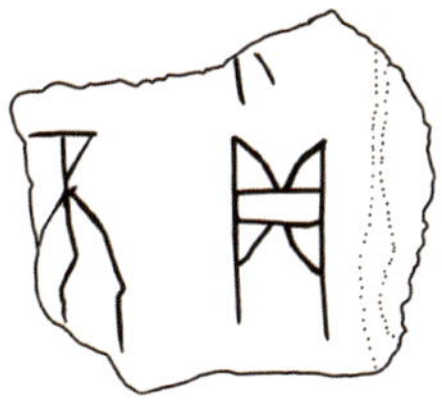

056 摹本（正面）

056 摹本（反面）

編　號：057
材質部位：龜腹甲
著　錄：《新鄉》25
類　別：賓組
館藏編號：116
釋　文：正：辛〔□卜〕……⿰𠂤卩……〔貞〕……
反：自夸
說　明：貞人『⿰𠂤卩』上有文字殘畫，不識。甲骨反面刮削後重刻。

057 照片

正面

反面

上面

下面

左面

右面

057 拓片（正面）

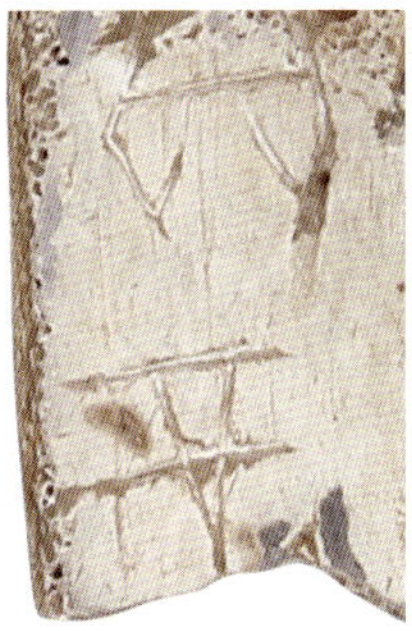

057 照片（反面局部）

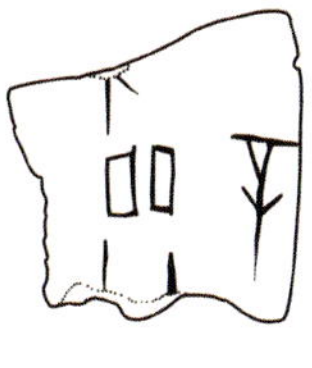

057 摹本（正面）

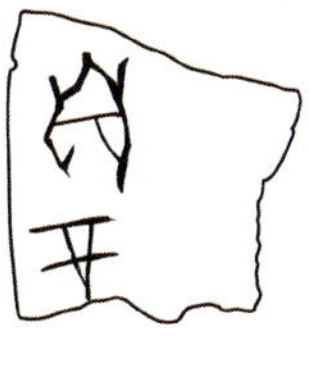

057 摹本（反面）

編號：058
材質部位：龜腹甲
著錄：《新鄉》41
類別：賓組
館藏編號：184
釋文：二告　二

058照片

正面

反面

上面

下面

左面

右面

058 拓片

058 摹本

編號：059
材質部位：牛胛骨
著錄：《新鄉》46
類別：賓組
館藏編號：023
釋文：小告

059 照片

正面

反面

上面

下面

左面

右面

059 拓片

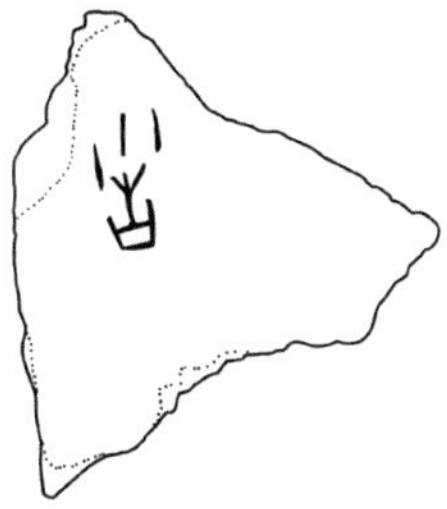

059 摹本

編　　號：060
材質部位：牛胛骨
著　　録：《新鄉》45
類　　別：賓組
館藏編號：079
釋　　文：二告　一

060 照片

正面

反面

上面

下面

左面

右面

060 拓片

060 摹本

編　號：061
材質部位：牛胛骨
著　録：《新鄉》42
類　別：賓組
館藏編號：129
釋　文：二告　一

061 照片

正面

反面

上面

下面

左面

右面

061 拓片

061 摹本

編　號：062
材質部位：牛胛骨
著　録：《新鄉》44
類　別：賓組
館藏編號：138
釋　文：二告　二

062照片

正面

反面

上面

下面

左面

右面

062 拓片

062 摹本

編號：063
材質部位：龜腹甲
著録：《新鄉》40
類別：賓組
館藏編號：029
釋文：二告　三

063 照片

正面

反面

上面

下面

左面

右面

063 拓片

063 摹本

編　　號：064
材質部位：龜腹甲
著　　録：無
類　　別：賓組
館藏編號：348
釋　　文：……賓……三

064 照片

正面

反面

上面

下面

左面

右面

064 照片（局部）

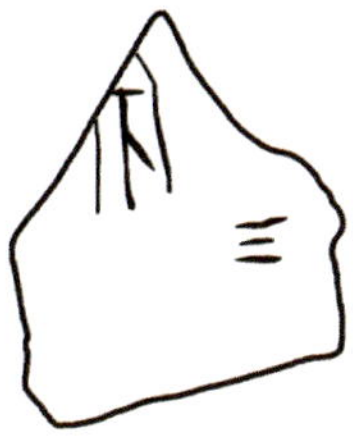

064 摹本

編　　號：065
材質部位：牛肩胛骨
著　　録：無
類　　別：賓組
館藏編號：314
釋　　文：一告　二

065 照片

正面

反面

上面

下面

左面

右面

065 照片（局部）

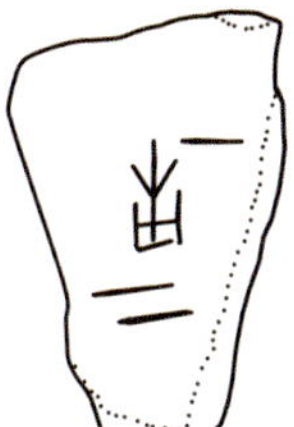

065 摹本

編　號：066
材質部位：龜腹甲
著　録：無
類　別：賓組
館藏編號：148
釋　文：二告

066照片

正面

反面

上面

下面

左面

右面

066 照片（局部）

066 摹本

編　　號：067
材質部位：龜腹甲
著　　録：《新鄉》123
類　　别：賓組，或以爲是何組
館藏編號：395
釋　　文：……其雨……

067 照片

正面

反面

上面

下面

左面

右面

067 拓片

067 摹本

編　號：068

材質部位：龜腹甲

著　錄：《新鄉》127

類　別：賓組

館藏編號：132

釋　文：……夕……□□……

068照片

正面

反面

上面

下面

左面

右面

068 拓片

068 摹本

編號：069
材質部位：龜腹甲
著録：《新鄉》24
類別：賓組
館藏編號：無
釋文：……貞……其……　一
説明：反面可能爲『癸』之殘。

069 照片

正面

反面

上面

下面

左面

右面

069 拓片

069 摹本

編號：070
材質部位：龜腹甲
著錄：《新鄉》57
類別：賓組三類
館藏編號：416
釋文：……賓……射……于……

070 照片

正面

反面

上面

下面

左面

右面

070 拓片

070 摹本

編號：071

材質部位：龜腹甲

著錄：《新鄉》3

類別：賓組三類

館藏編號：013

釋文：丙寅卜，賓貞：勿苜□子雝……

071 照片

正面

反面

上面

下面

左面

右面

071 拓片

071 摹本

編　號：072

材質部位：龜腹甲

著　録：《新鄉》100

類　别：賓組

館藏編號：110

釋　文：……卜，黄尹……　二月

説　明：類似的『黄』字，又見于《合集》04880、04881、10405正、15100、17088等，或釋爲『廣』。

072照片

正面

反面

上面

下面

左面

右面

072 拓片

072 摹本

編　號：073
材質部位：龜腹甲
著　録：《新鄉》6
類　別：賓組
館藏編號：055
釋　文：貞：……視子晝……
説　明：左上部可見「貞」字殘畫。

073 照片

正面

反面

上面

下面

左面

右面

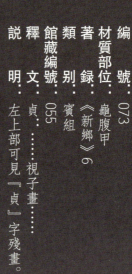

073 拓片

073 摹本

編　號：074
材質部位：龜腹甲
著　録：《新鄉》116
類　别：賓組，或以爲是出組
館藏編號：無
釋　文：庚寅貞：翌……其□……

074 照片

正面

反面

上面

下面

左面

右面

074 拓片

074 摹本

編　　號：075
材質部位：牛胛骨
著　　録：《新鄉》156；《介紹》11
類　　別：歷組二類
館藏編號：無
釋　　文：□巳貞：其□匚于高且亥至于……二。

075 照片

正面

反面

上面

下面

左面

右面

075 拓片

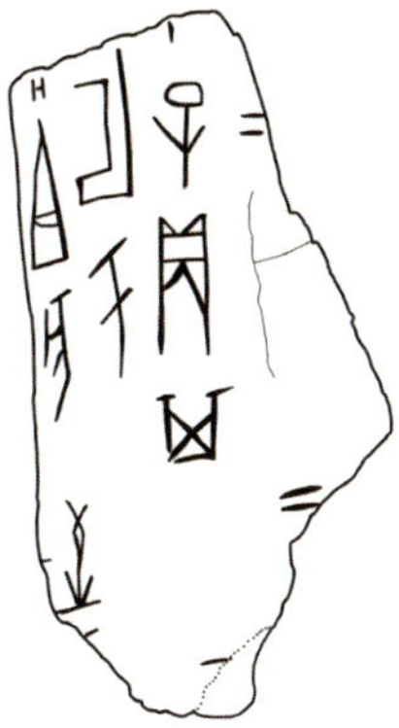

075 摹本

編號：076

材質部位：牛胛骨

著錄：《存補下》1.108，《介紹》47.2

類別：歷組二類

館藏編號：209

釋文：(1)甲辰貞：其登黍。

(2)乙亥：劦亡害

(3)乙……亡𢦏。𡆥。

說明：張然認爲此版甲骨是僞刻。

076 照片

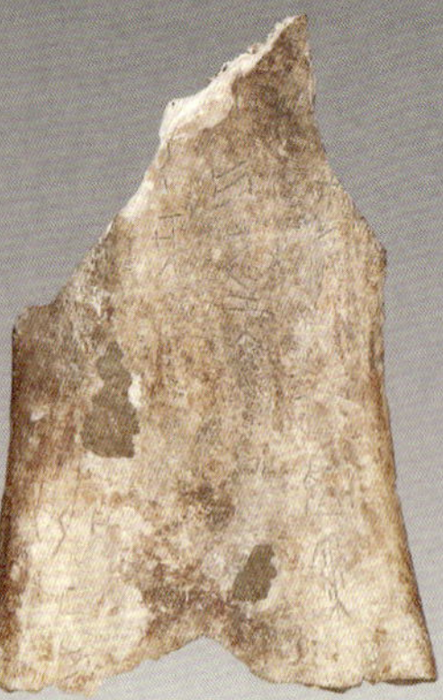

正面

反面

上面

下面

左面

右面

076 拓片

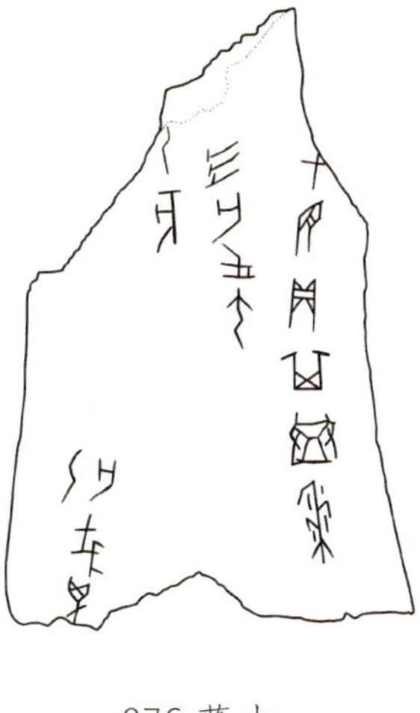

076 摹本

編　　號：077
材質部位：龜腹甲
著　　録：《新鄉》9
類　　别：出組
館藏編號：370
釋　　文：(1)……于中丁。一
(2)……𠦪……

077 照片

正面

反面

上面

下面

左面

右面

077 拓片

077 摹本

編號：078
材質部位：龜腹甲
著録：《新鄉》20
類別：出組
館藏編號：無
釋文：今夕……雨……

078 照片

正面

反面

上面

下面

左面

右面

078 拓片

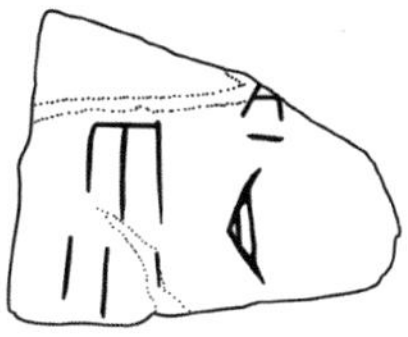

078 摹本

編號：079
材質部位：龜腹甲
著錄：《新鄉》112
類別：出組二類
館藏編號：379
釋文：丁酉……貞……楚（？）……

079 照片

正面

反面

上面

下面

左面

右面

079 拓片

079 摹本

編號：080
材質部位：龜腹甲
著錄：《新鄉》106
類別：出組或賓組
館藏編號：040
釋文：……戌……其……

080 照片

正面

反面

上面

下面

左面

右面

080 拓片

080 摹本

編　號：081
材質部位：龜腹甲
著　録：《新鄉》142
類　別：出組或賓組
館藏編號：無
釋　文：……比……

081 照片

正面

反面

上面

下面

左面

右面

081 拓片

081 摹本

編　號：082
材質部位：龜腹甲
著　録：《新鄉》144
類　別：出組
館藏編號：150
釋　文：勿……　一

082 照片

正面

反面

上面

下面

左面

右面

082 拓片

082 摹本

編　號：083
材質部位：龜腹甲
著　録：《新鄉》93
類　別：出組
館藏編號：187
釋　文：……☐侯……征……
説　明：『侯』上有殘字，不識。

083 照片

正面

反面

上面

下面

左面

右面

083 拓片

083 摹本

編　　號：084
材質部位：龜腹甲
著　　録：《新鄉》18
類　　别：出組或賓組
館藏編號：074
釋　　文：……寅（？）卜……旬亾……

084 照片

正面

反面

上面

下面

左面

右面

084 拓片

084 摹本

編號：085

材質部位：龜腹甲

著録：《新鄉》54

類別：出組

館藏編號：020

釋文：（1）貞……罕在……　二

（2）……乎……征……

085 照片

正面

反面

上面

下面

左面

右面

085 拓片

085 摹本

編號：086
材質部位：龜腹甲
著錄：《新鄉》122
類別：出組或賓組
館藏編號：071
釋文：……貞：勿令……
說明：『貞』字左邊殘存有『令』字下部。

086 照片

正面

反面

上面

下面

左面

右面

086 拓片

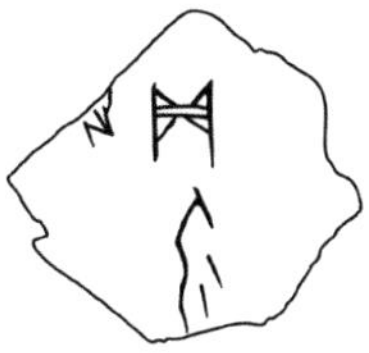

086 摹本

編　號：087
材質部位：龜腹甲
著　錄：《新鄉》99
類　別：出組
館藏編號：033
釋　文：□卯卜……今日……大……

087 照片

正面

反面

上面

下面

左面

右面

087 拓片

087 摹本

編　號：088
材質部位：龜腹甲
著　錄：《新鄉》86
類　別：出組
館藏編號：071
釋　文：(1)辛未……貞……令[illegible]……　一
(2)……□……□……
說　明：『令』字爲重刻。

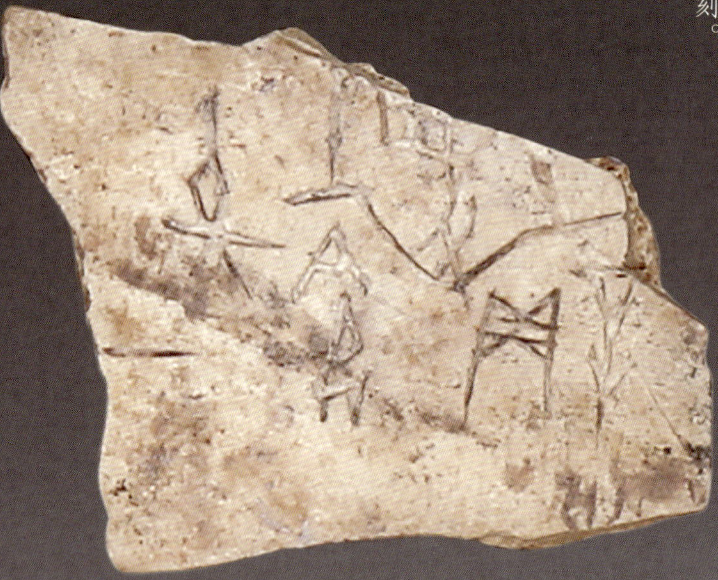
088 照片

正面

反面

上面

下面

左面

右面

088 拓片

088 摹本

編　　號：089
材質部位：龜腹甲
著　　録：《新鄉》87
類　　别：出組
館藏編號：087
釋　　文：丁丑……貞：于……☐……　一　用
說　　明：『用』字上有一道向右的卜兆横枝。

089 照片

正面

反面

上面

下面

左面

右面

089 拓片

089 摹本

編　號：090
材質部位：龜腹甲
著　録：《新鄉》101
類　別：出組
館藏編號：006
釋　文：(1)……貞……□……
(2)……勿……十二月
説　明：『貞』字左邊有文字殘畫，似爲『辛』字。

090 照片

正面

反面

上面

下面

左面

右面

090 拓片

090 摹本

編　　號：091
材質部位：龜背甲
著　　録：《新鄉》143
類　　別：出組
館藏編號：162
釋　　文：(1)貞……不……
(2)□□卜……夕……
説　　明：『夕』字上殘存『今』字末筆。

091 照片

上面

下面

正面

反面

左面

右面

091 拓片

091 摹本

編　　號：092
材質部位：龜腹甲
著　　録：《新鄉》55
類　　别：出組
館藏編號：051
釋　　文：(1)丙……貞……　二
(2)□申卜……乎……美……毓……于……
説　　明：『毓』字缺刻横畫。『乎』字下有刮削字。

092 照片

正面

反面

上面

下面

左面

右面

092 拓片

092 摹本

編號：093

材質部位：龜腹甲

著錄：《新鄉》8

類別：出組

館藏編號：046

釋文：己……貞……遷……

093 照片

正面

反面

上面

下面

左面

右面

093 拓片

093 摹本

編號：094
材質部位：牛胛骨
著録：《新鄉》111
類別：出組二類
館藏編號：010
釋文：……貞，出……于（？）……一
説明：『貞』左邊有殘字，不識。

094 照片

正面

反面

上面

下面

左面

右面

094 拓片

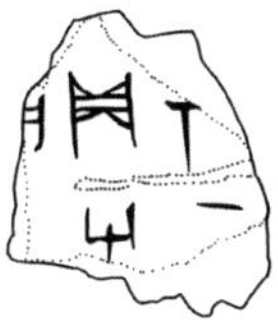

094 摹本

編　號：095
材質部位：龜腹甲
著　録：《新鄉》85
類　別：出組二類
館藏編號：009
釋　文：丙申……夕……丁〔酉〕……雨……一

095照片

正面

反面

上面

下面

左面

右面

095 拓片

095 摹本

編號： 096

材質部位： 龜背甲

著錄： 《新鄉》117

類別： 出組二類

館藏編號： 200

釋文： 乙卯……［亡］吝。

096 照片

正面

反面

上面

下面

左面

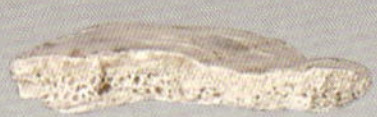

右面

096 拓片

096 摹本

編號：097
材質部位：牛胛骨
著録：《新鄉》108
類別：出組二類
館藏編號：228
釋文：……辛酉……

097 照片

正面

反面

上面

下面

左面

右面

097 拓片

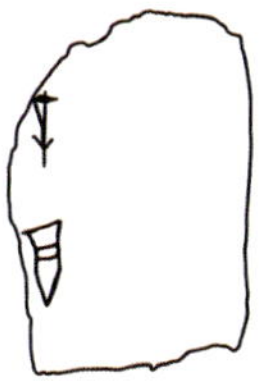

097 摹本

編　號：098
材質部位：龜腹甲
著　録：《新鄉》137
類　別：出組二類
館藏編號：無
釋　文：……夕祼……亡……

098 照片

正面

反面

上面

下面

左面

右面

098 拓片

098 摹本

編號：099
材質部位：龜腹甲
著録：《新鄉》110
類別：出組二類
館藏編號：074
釋文：……今……雨……

099 照片

正面

反面

上面

下面

左面

右面

099 拓片

099 摹本

編　號：100
材質部位：龜腹甲
著　錄：《續存下》645；《新鄉》60；《介紹》12
類　別：出組二類
館藏編號：057
釋　文：(1)辛未〔卜〕，尹，貞：〔王〕賓……歲，〔亡吝〕。
(2)〔□□卜〕，尹，〔貞：王〕賓……，〔亡〕吝。

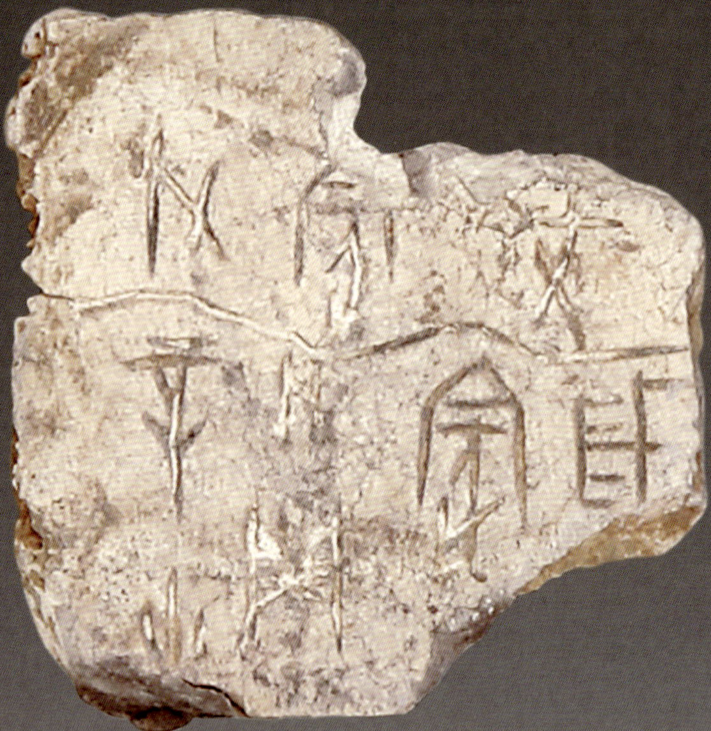

100照片

正面

反面

上面

下面

左面

右面

100拓片

100摹本

編　號：101
材質部位：牛胛骨
著　錄：《新鄉》15
類　別：出組二類
館藏編號：004
釋　文：(1)貞……
(2)……以……八月……一

101 照片

正面

反面

上面

下面

左面

右面

101 拓片

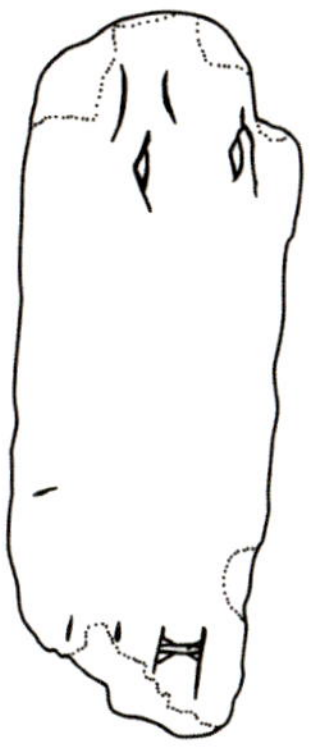

101 摹本

編號：102
材質部位：龜腹甲
著錄：《新鄉》145
類別：出組二類
館藏編號：118
釋文：……午……貞……

102照片

正面

反面

上面

下面

左面

右面

102 拓片

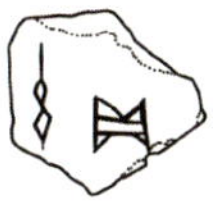

102 摹本

編號：103
材質部位：龜腹甲
著錄：《新鄉》125
類別：出組二類
館藏編號：109
釋文：……貞……吝。二

103照片

正面

反面

上面

下面

左面

右面

103 拓片

103 摹本

編號：104
材質部位：龜腹甲
著録：《新鄉》135
類別：出組二類
館藏編號：019
釋文：……貞……裸……

104照片

正面

反面

上面

下面

左面

右面

104 拓片

104 摹本

国家出版基金项目
NATIONAL PUBLICATION FOUNDATION

河南藏甲骨集成

新鄉市博物館卷

二

總主编／李運富　本卷主编／郝永飛　本卷編纂／張新俊

中原出版傳媒集團
中原傳媒股份公司
河南美術出版社
·鄭州·

有字甲骨

編號：105
材質部位：龜腹甲
著錄：《新鄉》94
類別：出組二類
館藏編號：267
釋文：(1)癸巳……貞：……『今』夕亡……
(2)……卜……
說明：『卜』字也可能是『亡』。

105照片

正面

反面

上面

下面

左面

右面

105 拓片

105 摹本

編號：106
材質部位：龜腹甲
著錄：《新鄉》91
類別：出組二類
館藏編號：032
釋文：(1)貞……卬……
(2)□丑卜……今日……羌……

106 照片

正面

反面

上面

下面

左面

右面

106 拓片

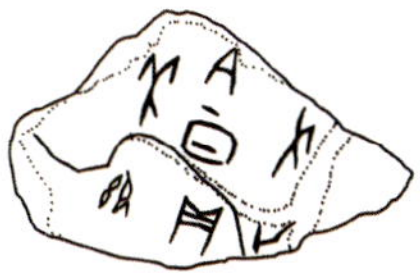

106 摹本

編　號：107
材質部位：龜腹甲
著　録：《新鄉》82
類　別：出組二類
館藏編號：167
釋　文：乙□〔卜〕，大〔貞：王〕賓……一

107 照片

正面

反面

上面

下面

左面

右面

107 拓片

107 摹本

編號：108
材質部位：龜腹甲
著録：《新鄉》69
類別：出組二類
館藏編號：無
釋文：丙午貞：王……
説明：『貞』字上殘。

108照片

正面

反面

上面

下面

左面

右面

108拓片

108摹本

編號：109
材質部位：龜腹甲
著錄：《新鄉》72
類別：出組二類
館藏編號：225
釋文：□□〔卜〕，旅〔貞〕……王……夕……

109照片

正面

反面

上面

下面

左面

右面

109 拓片

109 摹本

編　號：110
材質部位：龜腹甲
著　録：《新鄉》181
類　別：出組二類
館藏編號：085
釋　文：□酉卜，王……

110照片

正面

反面

上面

下面

左面

右面

110拓片

110摹本

編號： 111
材質部位： 龜腹甲
著錄： 《新鄉》71
類別： 出組二類
館藏編號： 186
釋文： □辰，……王……亡……

111 照片

正面

反面

上面

下面

左面

右面

111 拓片

111 摹本

編　號：112
材質部位：龜腹甲
著　録：《新鄉》73
類　別：出組二類
館藏編號：347
釋　文：(1) 癸□卜，旅〔貞〕……
(2) □□〔卜〕……旅〔貞〕……王……

112照片

正面

反面

上面

下面

左面

右面

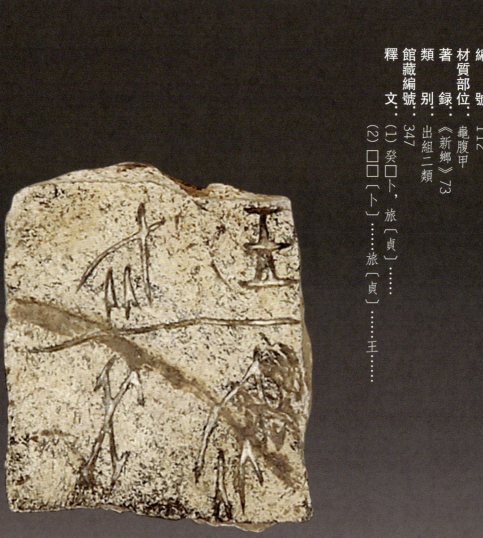

112 拓片

112 摹本

編　號：113

材質部位：龜腹甲

著　録：《新鄉》70

類　別：出組二類

館藏編號：091

釋　文：□□卜，旅，〔貞〕：〔今〕夕王〔囟〕言。

説　明：『今夕王囟言』或『今夕囟言王』是出組二類卜辭中常見的占卜，《殷墟甲骨文辭類編》第1892—1895頁收録甚多，可以參考。

113照片

正面

反面

上面

下面

左面

右面

113拓片

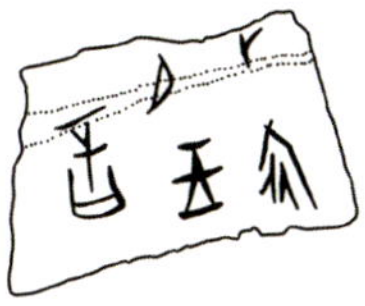

113摹本

編號：114

材質部位：牛胛骨

著錄：《新鄉》62

類別：出組二類

館藏編號：063

釋文：(1)丁亥……貞……

(2)□未卜……王……

114照片

上面

下面

正面

反面

左面

右面

114 拓片

114 摹本

編號：115
材質部位：龜背甲
著錄：《新鄉》61
類別：出組二類
館藏編號：169
釋文：己酉……貞：今〔夕〕王囟〔言〕。

115照片

正面

反面

上面

下面

左面

右面

115拓片

115摹本

編號：116
材質部位：龜腹甲
著錄：《新鄉》66
類別：出組二類
館藏編號：022
釋文：(1) 丁丑卜，王。
(2) ……兕……。

116照片

正面

反面

上面

下面

左面

右面

116拓片

116摹本

編號：117
材質部位：龜腹甲
著錄：《新鄉》79
類別：出組二類
館藏編號：145
釋文：□□〔卜〕，尹〔貞〕：王賓叙，〔亡〕吝。在自寮（？）。

117 照片

正面

反面

上面

下面

左面

右面

117 拓片

117 摹本

編號： 118

材質部位： 龜腹甲

著錄： 《新鄉》102

類別： 出組二類

館藏編號： 172

釋文： (1)辛〔亥卜〕，旅貞……亡吝。

(2)□□卜，旅〔貞〕……

118照片

正面

反面

上面

下面

左面

右面

118拓片

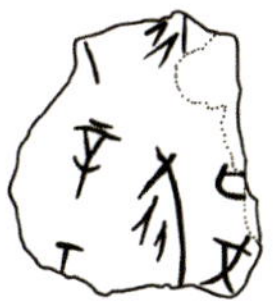

118摹本

編號：119
材質部位：龜腹甲
著録：《新鄉》155
類別：出組二類
館藏編號：026
釋文：……王……

119照片

正面

反面

上面

下面

左面

右面

119 拓片

119 摹本

編號：120
材質部位：龜腹甲
著錄：《新鄉》74
類別：出組二類
館藏編號：198
釋文：……貞……今（？）王□……

120照片

正面

反面

上面

下面

左面

右面

120 拓片

120 摹本

編　號：121
材質部位：龜腹甲
著　録：《新鄉》67
類　別：出組二類
館藏編號：080
釋　文：癸……王……〔今〕夕……亡……　一

121 照片

正面

反面

上面

下面

左面

右面

121 拓片

121 摹本

編號：122
材質部位：牛胛骨
著録：《新鄉》96，《介紹》47.3
類別：出組二類
館藏編號：001
釋文：(1)甲寅卜，尹貞：今夕亡囚。
(2)［甲］子卜，尹［貞］：…今夕［亡］囚。

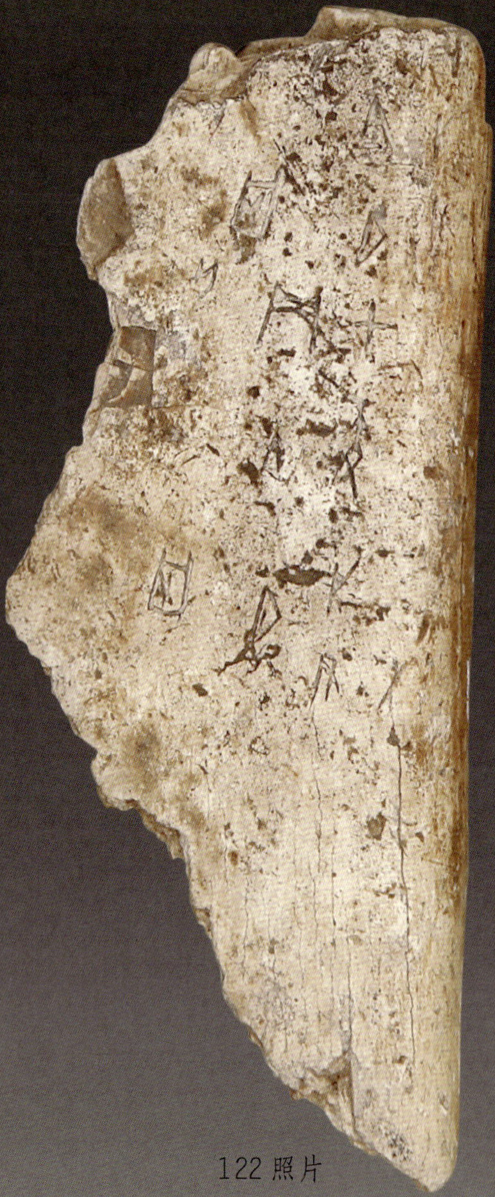

122照片

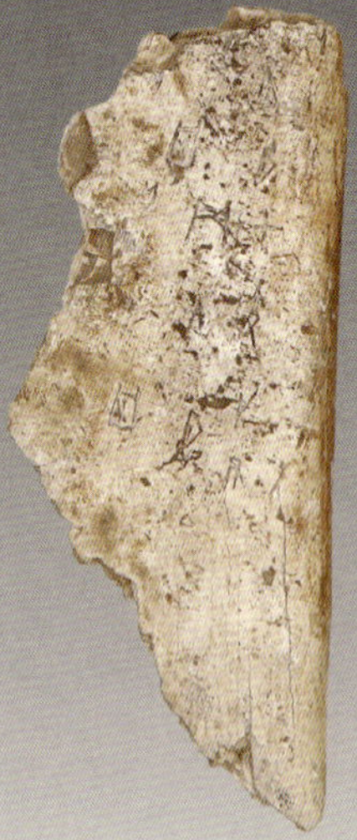

正面

反面

上面

下面

左面

右面

122拓片

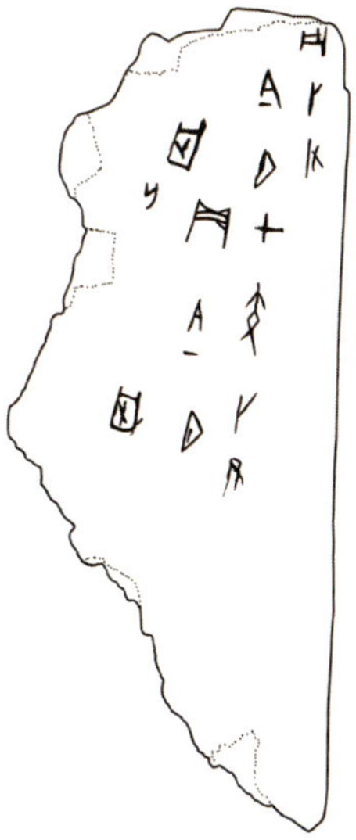

122摹本

編號：123
材質部位：牛胛骨
著錄：《新鄉》109
類別：出組二類
館藏編號：002
釋文：□辰卜……二
說明：『辰』字爲誤刻後重刻。

123照片

正面

反面

上面

下面

左面

右面

123 拓片

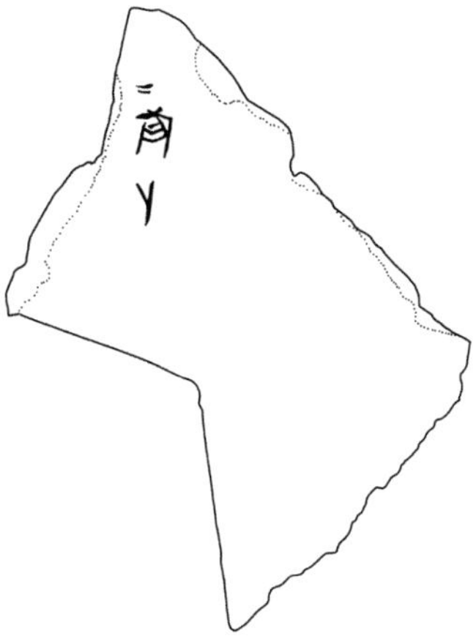

123 摹本

編　號：124
材質部位：龜腹甲
著　録：《新鄉》154
類　別：出組二類
館藏編號：240
釋　文：(1)戊申〔卜〕，王。五
(2)……卜……

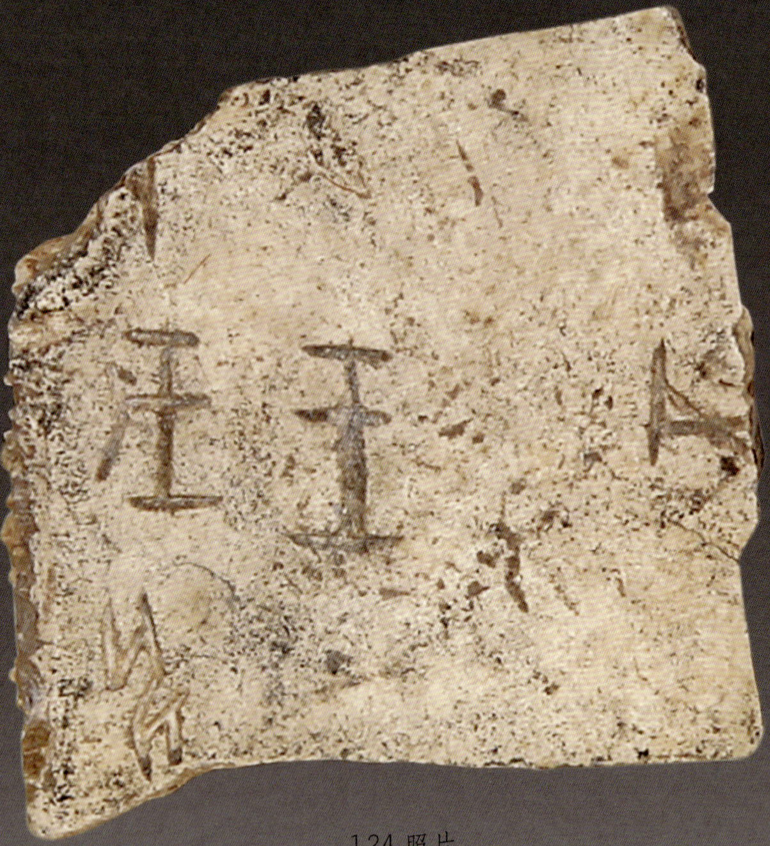

124照片

正面

反面

上面

下面

左面

右面

124 拓片

124 摹本

編　號：125
材質部位：牛胛骨
著　録：《新鄉》37
類　別：出組
館藏編號：192
釋　文：戊午……貞……亡……

125 照片

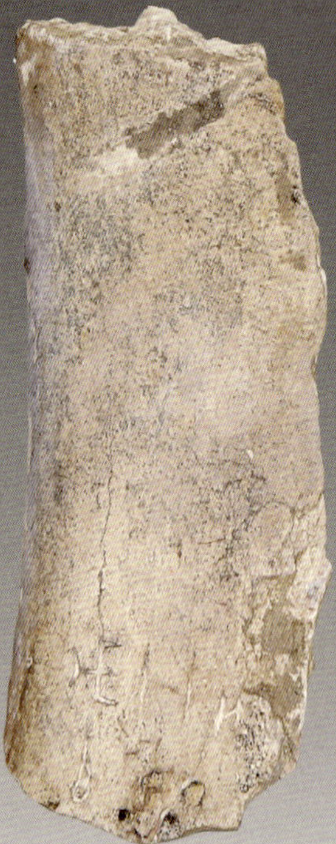

正面

反面

上面

下面

左面

右面

125拓片

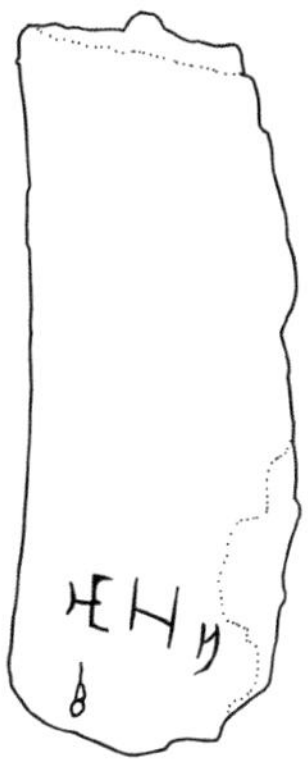

125摹本

編　　號：126
材質部位：龜腹甲
著　　録：無
類　　別：出組或何組
館藏編號：007
釋　　文：……貞……亡……一

126 照片

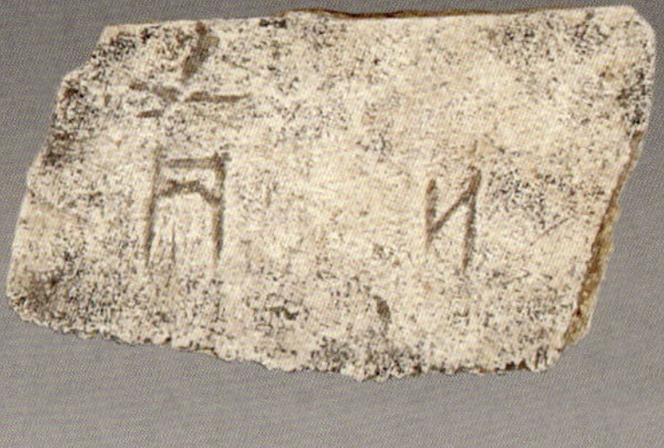

正面

反面

上面

下面

左面

右面

126照片（局部）

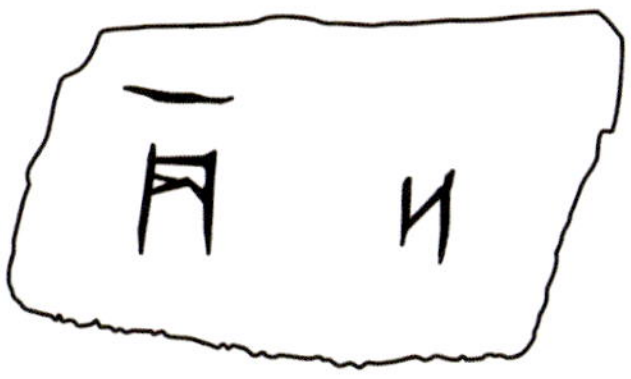

126摹本

編號：127
材質部位：龜腹甲
著錄：無
類別：出組
館藏編號：無
釋文：……卜，今……

127 照片

正面

反面

上面

下面

左面

右面

127 照片（局部）

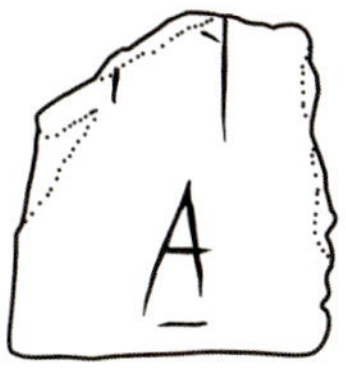

127 摹本

編　　號：128
材質部位：龜背甲
著　　録：《新鄉》76
類　　別：出組，更有可能是黄組
館藏編號：無
釋　　文：……王……𣏂……

128照片

正面

反面

上面

下面

左面

右面

128拓片

128摹本

編　　號：129
材質部位：龜腹甲
著　　錄：《新鄉》75
類　　別：出組
館藏編號：156
釋　　文：辛卯卜，王。

129照片

正面

反面

上面

下面

左面

右面

129 拓片

129 摹本

編　號：130
材質部位：牛胛骨
著　録：無
類　別：出組
館藏編號：122
釋　文：(1)□卯……今『夕』亡囚。
(2)……貞……夕……

130 照片

正面

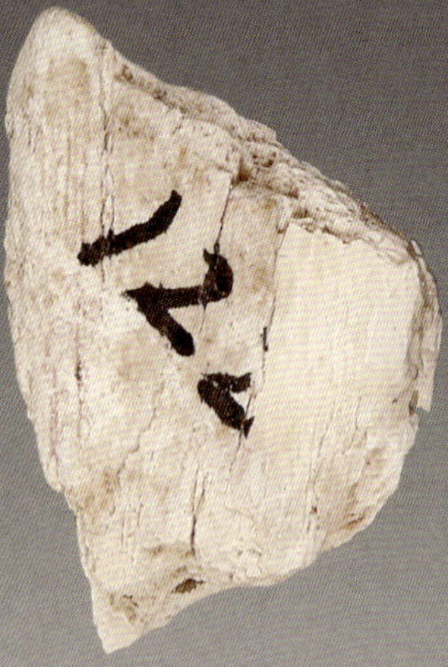

反面

上面

下面

左面

右面

130照片（局部）

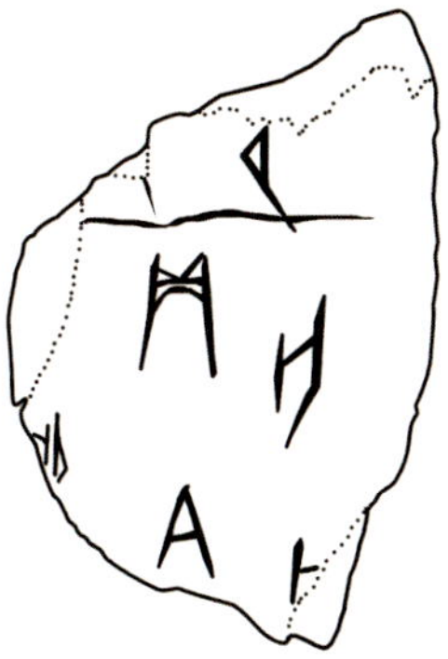

130摹本

編　　號：131
材質部位：牛胛骨
著　　録：無
類　　別：出組或賓組
館藏編號：230
釋　　文：貞：勿……

131 照片

正面

反面

上面

下面

左面

右面

131 照片（局部）

131 摹本

編　號：132
材質部位：龜腹甲
著　錄：無
類　別：出組
館藏編號：無
釋　文：庚……
説　明：『庚』左部有殘字，不識。

132 照片

正面

反面

上面

下面

左面

右面

132照片（局部）

132摹本

編　　號：133
材質部位：龜腹甲
著　　錄：《新鄉》126
類　　別：出組
館藏編號：060
釋　　文：〔□□〕卜，……〔今〕夕亡𡆥。

133照片

正面

反面

上面

下面

左面

右面

133拓片

133摹本

編號：134
材質部位：龜腹甲
著録：無
類別：出組
館藏編號：017
釋文：貞……二

134 照片

正面

反面

上面

下面

左面

右面

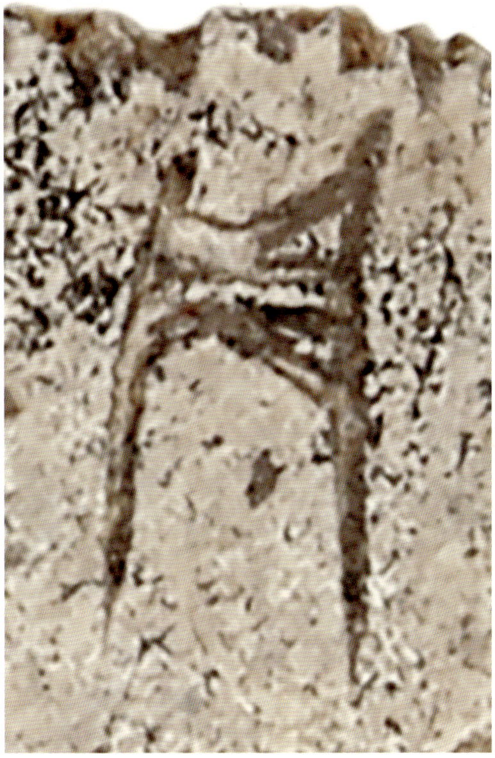

134 照片（局部）

134 摹本

編號：135
材質部位：龜腹甲
著錄：《新鄉》182
類別：出組
館藏編號：310
釋文：貞：□……其……
說明：『貞』下殘字，不識。

135 照片

正面

反面

上面

下面

左面

右面

135 拓片

135 摹本

編號：136
材質部位：龜腹甲
著録：無
類別：出組
館藏編號：424
釋文：庚……王……

136照片

正面

反面

上面

下面

左面

右面

136照片（局部）

136摹本

編　號：137
材質部位：龜腹甲
著　錄：無
類　別：出組
館藏編號：094
釋　文：〔□□〕卜，王……

137 照片

正面

反面

上面

下面

左面

右面

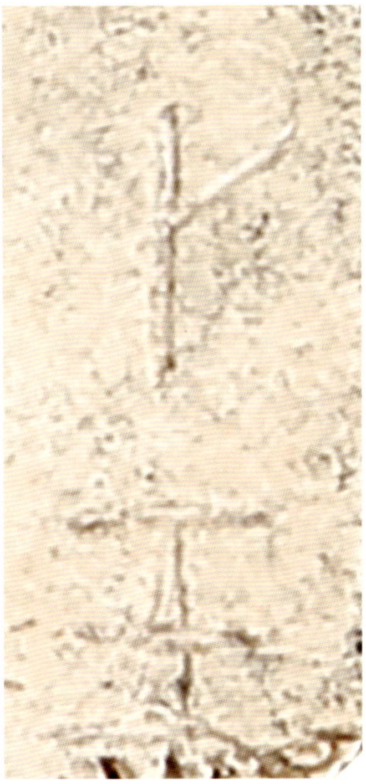

137 照片（局部）

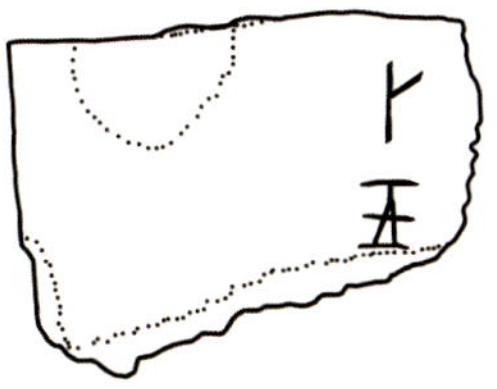

137 摹本

編號：138
材質部位：龜腹甲
著錄：無
類別：出組或黃組
館藏編號：409
釋文：……貞……亡……

138照片

正面

反面

上面

下面

左面

右面

138 照片（局部）

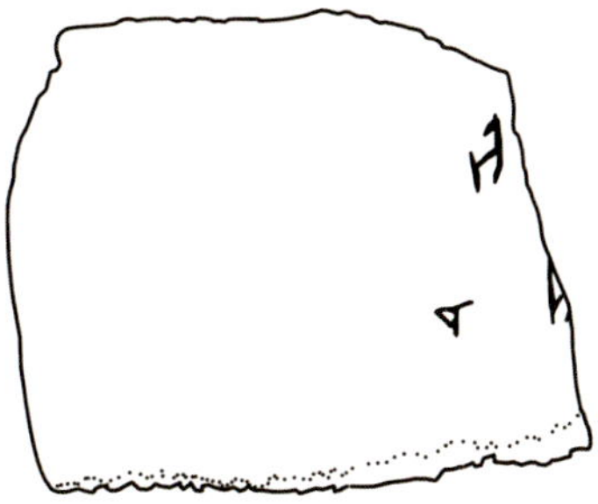

138 摹本

編　　號：139
材質部位：龜腹甲
著　　録：《新鄉》51
類　　別：出組或賓組
館藏編號：無
釋　　文：不吝［鼄］。

139 照片

正面

反面

上面

下面

左面

右面

139 拓片

139 摹本

編號：140
材質部位：龜腹甲
著錄：無
類別：出組
館藏編號：352
釋文：……〔王〕賓……祼〔亡〕囚。

140照片

正面

反面

上面

下面

左面

右面

140 拓片

140 摹本

編號：141
材質部位：龜腹甲
著録：無
類別：出組
館藏編號：272
釋文：……貞……

141 照片

正面

反面

上面

下面

左面

右面

141 照片（局部）

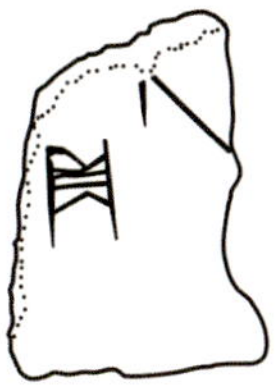

141 摹本

編　號：142
材質部位：龜腹甲
著　錄：《新鄉》153
類　別：出組
館藏編號：097
釋　文：……叀……王……左……

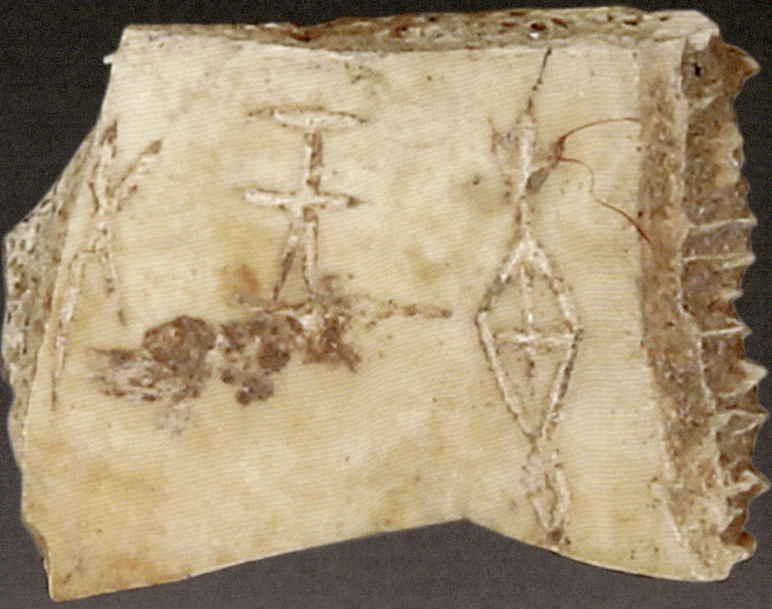

142 照片

正面

反面

上面

下面

左面

右面

142 拓片

142 摹本

編　號：143
材質部位：龜腹甲
著　録：《新鄉》165
類　別：出組，更可能是黄組
館藏編號：015
釋　文：乙丑卜……王今……亡〔𡆥〕。

143照片

正面

反面

上面

下面

左面

右面

143 拓片

143 摹本

編　號：144
材質部位：牛胛骨
著　録：《新鄉》118
類　別：出組
館藏編號：212
釋　文：……巳卜……

144 照片

正面

反面

上面

下面

左面

右面

144 拓片

144 摹本

編號：145
材質部位：龜腹甲
著録：《新鄉》152
類別：出組
館藏編號：408
釋文：□戌卜……

145 照片

正面

反面

上面

下面

左面

右面

145 拓片

145 摹本

編號：146
材質部位：龜腹甲
著錄：無
類別：出組
館藏編號：168
釋文：……叀……

146照片

正面

反面

上面

下面

左面

右面

146 照片（局部）

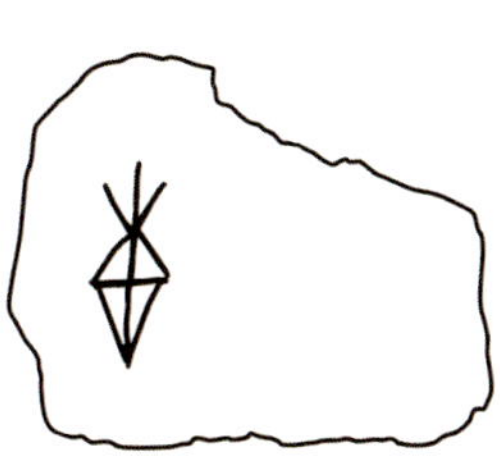

146 摹本

編　號：147
材質部位：龜腹甲
著　録：《新鄉》92
類　别：出組一類
館藏編號：024
釋　文：庚〔□卜〕，出〔貞〕……未……□……

147照片

正面

反面

上面

下面

左面

右面

147 拓片

147 摹本

編號：148
材質部位：龜腹甲
著録：《新鄉》118
類別：出組，更可能是黃組
館藏編號：無
釋文：……貞……王……叙……

148照片

正面

反面

上面

下面

左面

右面

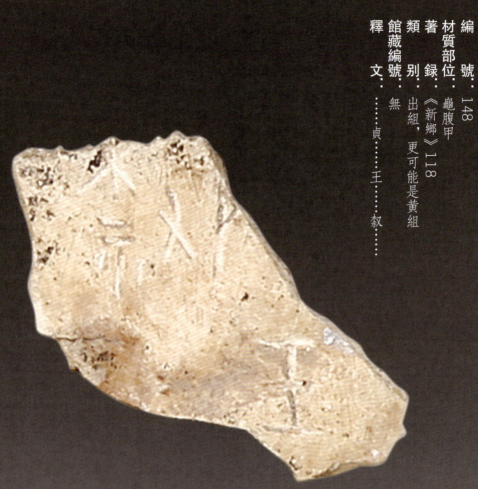

148照片（局部）

148摹本

編號：149
材質部位：龜腹甲
著錄：《新鄉》36
類別：出組
館藏編號：141
釋文：不吝鼄　三

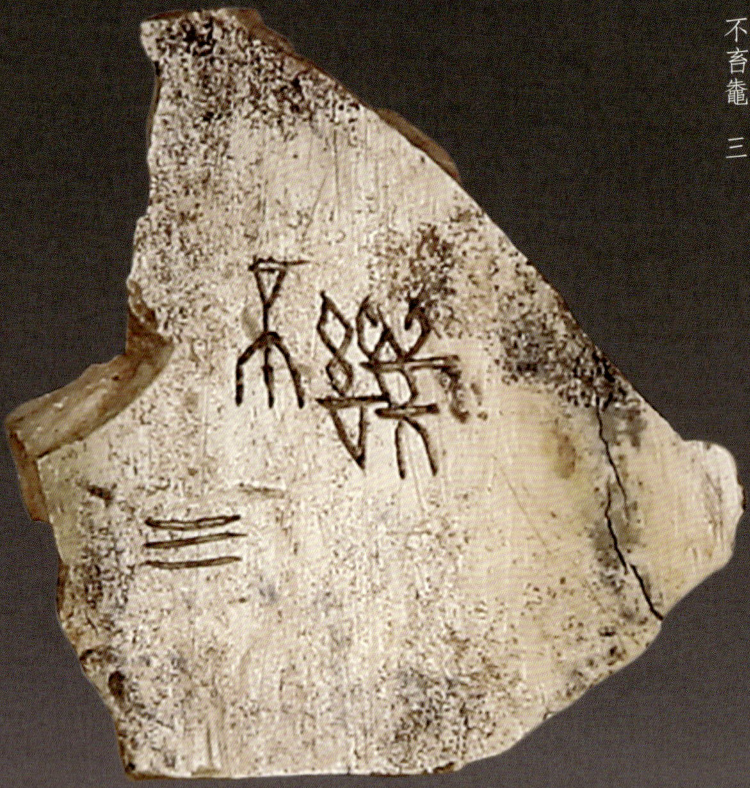

149 照片

正面

反面

上面

下面

左面

右面

149 拓片

149 摹本

編　號：150
材質部位：牛胛骨
著　錄：無
類　別：出組或賓組
館藏編號：319
釋　文：〔□□〕卜……〔今〕日亡……

150照片

正面

反面

上面

下面

左面

右面

150照片（局部）

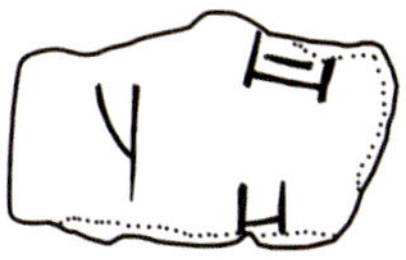

150摹本

編　　號：151
材質部位：龜腹甲
著　　録：《新鄉》77
類　　別：出組
館藏編號：382
釋　　文：(1)庚……貞……
(2)……卜……王……

151 照片

正面

反面

上面

下面

左面

右面

151 拓片

151 摹本

編號：152
材質部位：龜腹甲
著録：無
類別：出組
館藏編號：336
釋文：……〔亡〕吝。

152 照片

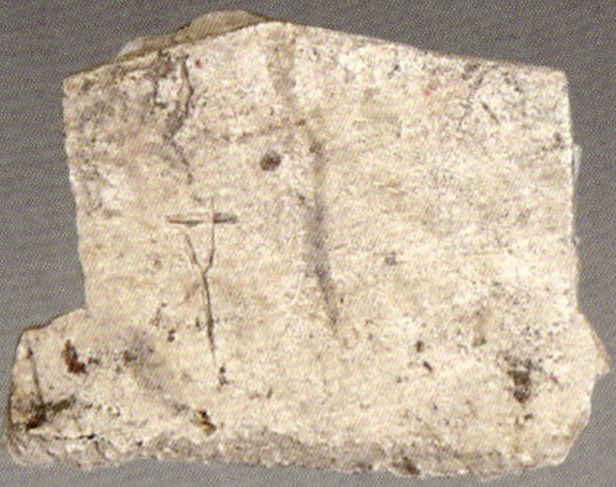

正面

反面

上面

下面

左面

右面

152照片（局部）

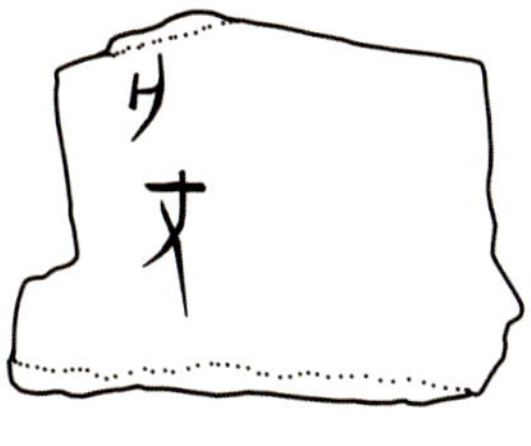

152摹本

編　　號：153
材質部位：牛胛骨
著　　録：《新鄉》147
類　　别：出組
館藏編號：222
釋　　文：(1)癸……
(2)[口]丑卜……亡𡆥。

153照片

正面

反面

上面

下面

左面

右面

153 拓片

153 摹本

編　號：154
材質部位：牛胛骨
著　錄：《新鄉》104
類　別：出組或歷組
館藏編號：301
釋　文：□未卜，貞（？）……
説　明：『貞』字似經覆刻。

154 照片

正面

反面

上面

下面

左面

右面

154 拓片

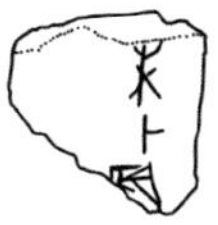

154 摹本

編號：155
材質部位：龜腹甲
著錄：《新鄉》19
類別：出組
館藏編號：092
釋文：〔□□〕卜，……同……乙……　三

155照片

正面

反面

上面

下面

左面

右面

155拓片

155摹本

編　號：156
材質部位：龜腹甲
著　録：無
類　別：出組
館藏編號：127
釋　文：庚子……貞……其……

156 照片

正面

反面

上面

下面

左面

右面

156 照片（局部）

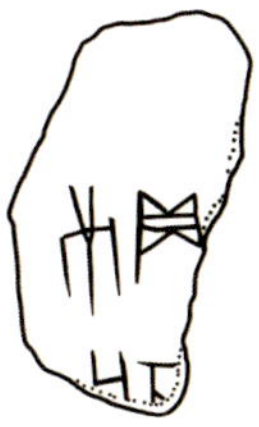

156 摹本

編　號：157
材質部位：牛胛骨
著　録：無
類　別：出組
館藏編號：392
釋　文：□未卜，……

157 照片

正面

反面

上面

下面

左面

右面

157 照片（局部）

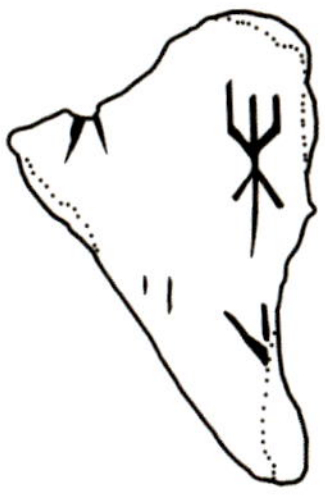

157 摹本

編　　號：158
材質部位：牛胛骨
著　　錄：《新鄉》97（正、背）
類　　別：何組，也可能是師組
館藏編號：021
釋　　文：〔□□〕卜貞：……亡囚。

158 照片

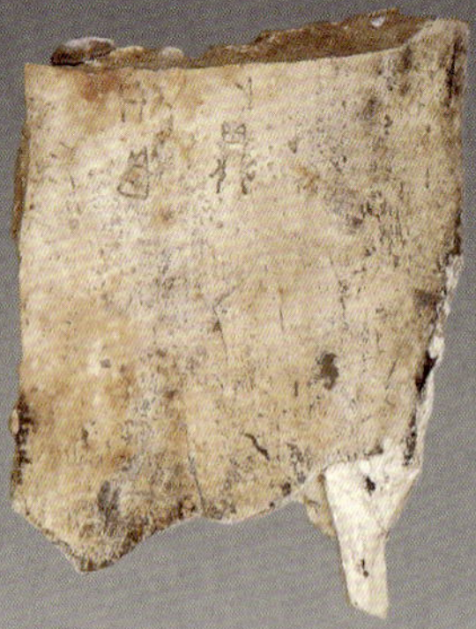
正面

反面

上面

下面

左面

右面

158 拓片（正面）

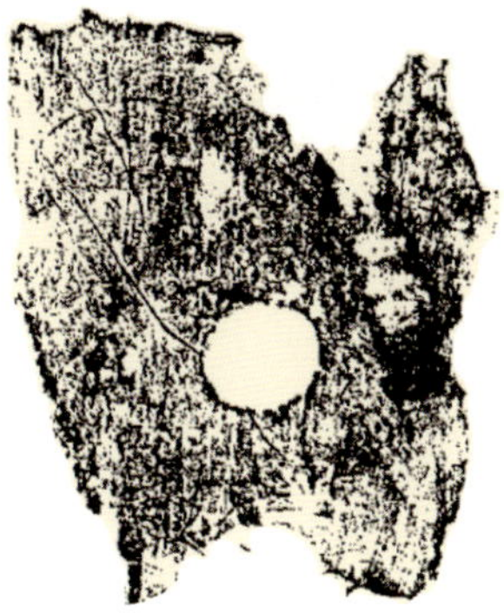

158 拓片（反面）

158 摹本

編　　號：159
材質部位：龜腹甲
著　　録：《新鄉》56
類　　別：何組一類
館藏編號：302
釋　　文：〔□□卜〕，㽙貞：……多□……
説　　明：『多』下一字似爲『子』之殘。

159 照片

正面

反面

上面

下面

左面

右面

159 拓片

159 摹本

編　號：160
材質部位：龜腹甲
著　録：無
類　別：何組，更可能是黃組
館藏編號：258
釋　文：……貞……叙……

160 照片

正面

反面

上面

下面

左面

右面

160 拓片

160 摹本

編號：161
材質部位：龜腹甲
著録：無
類別：何組
館藏編號：無
釋文：……貞……

161 照片

正面

反面

上面

下面

左面

右面

161 照片（局部）

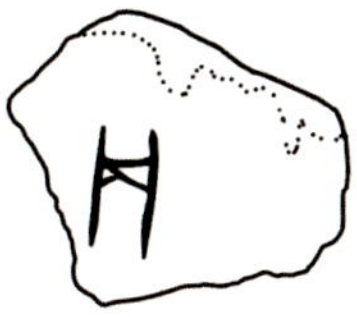

161 摹本

編　號：162
材質部位：牛胛骨
著　録：《新鄉》63
類　別：何組
館藏編號：134
釋　文：□巳卜……王其田，亡……

162 照片

正面

反面

上面

下面

左面

右面

162 拓片

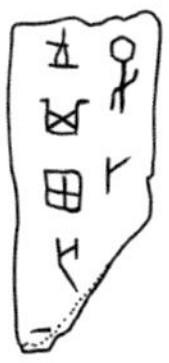

162 摹本

編　號：163
材質部位：龜腹甲
著　録：《新鄉》89
類　別：何組二類
館藏編號：101
釋　文：貞：二宰……在三月。

163 照片

正面

反面

上面

下面

左面

右面

163 拓片

163 摹本

編　　號：164
材質部位：龜腹甲
著　　錄：《新鄉》49
類　　別：何組
館藏編號：070
釋　　文：貞：王……叀……燕。一

164照片

正面

反面

上面

下面

左面

右面

164 拓片

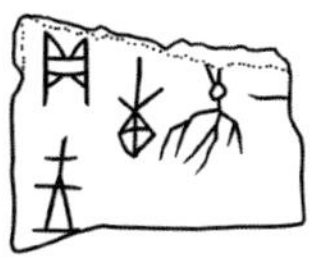

164 摹本

編　　號：165
材質部位：龜背甲
著　　録：無
類　　別：何組
館藏編號：089
釋　　文：貞……吝……

165照片

正面

反面

上面

左面

右面

165 照片（局部）

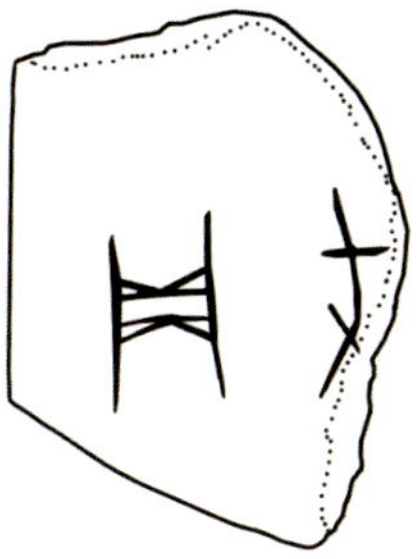

165 摹本

編號：166
材質部位：龜腹甲
著錄：《新鄉》124
類別：何組
館藏編號：無
釋文：……賓……登……　一
說明：右側一字爲『登』之殘。

166照片

正面

反面

上面

下面

左面

右面

166拓片

166摹本

編　號：167
材質部位：牛胛骨
著　録：《新鄉》193
類　別：無名類
館藏編號：003
釋　文：（1）弗……
（2）不遘雨。
（3）……遘雨。

167 照片

正面

反面

上面

下面

左面

右面

167 拓片

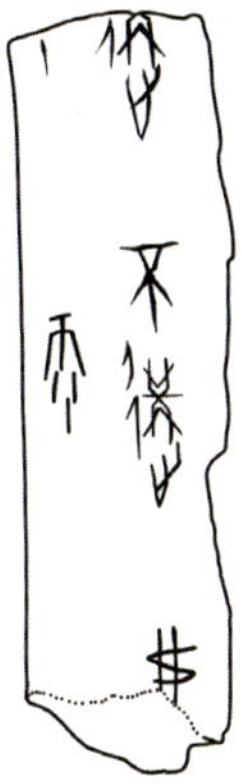

167 摹本

編　號：168
材質部位：龜腹甲
著　録：無
類　別：黄組
館藏編號：無
釋　文：癸……王……

168照片

正面

反面

上面

下面

左面

右面

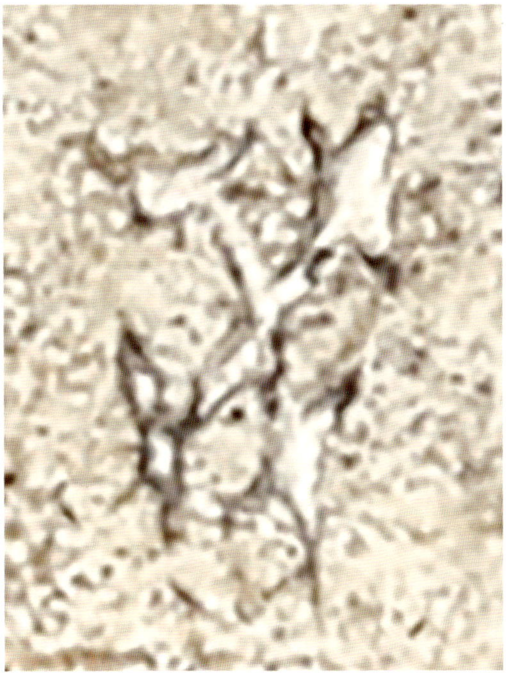

168照片（局部）

168摹本

編　　號：169

材質部位：牛胛骨

著　　録：《新鄉》194

綴合信息：《合集》36497+《合集》36499= 合補 11233（蔡哲茂《甲骨綴合集》52 組）

類　　別：黄組

館藏編號：044

釋　　文：(1) 癸卯〔王卜〕，貞：旬〔亡𡆥〕。隹〔王來正夷方〕。

(2) 癸丑王卜，貞：旬亡𡆥。王來正夷方。

(3) 癸亥王卜，貞：旬亡𡆥。王來正夷〔方〕。

(4) 癸酉王卜，貞：旬亡𡆥。王來正夷方。

(5) 癸未王卜，貞：旬亡𡆥。王來正夷方。

(6) 癸巳王卜，貞：旬亡𡆥。〔王來〕正〔夷方〕。

(7) 癸卯王卜，〔貞〕：旬亡𡆥〔王〕來〔正〔夷方〕。二

169 照片

正面

反面

上面

左面

下面

右面

169 拓片

169 摹本

編　號：170
材質部位：龜腹甲
著　録：《新鄉》215
類　别：黄組
館藏編號：無
釋　文：……卜……今……〔亡〕畎。

170照片

正面

反面

上面

下面

左面

右面

170 拓片

170 摹本

編　號：171
材質部位：龜腹甲
著　錄：《新鄉》169
類　別：黃組
館藏編號：406
釋　文：……卜……王今……〔亡〕吠。

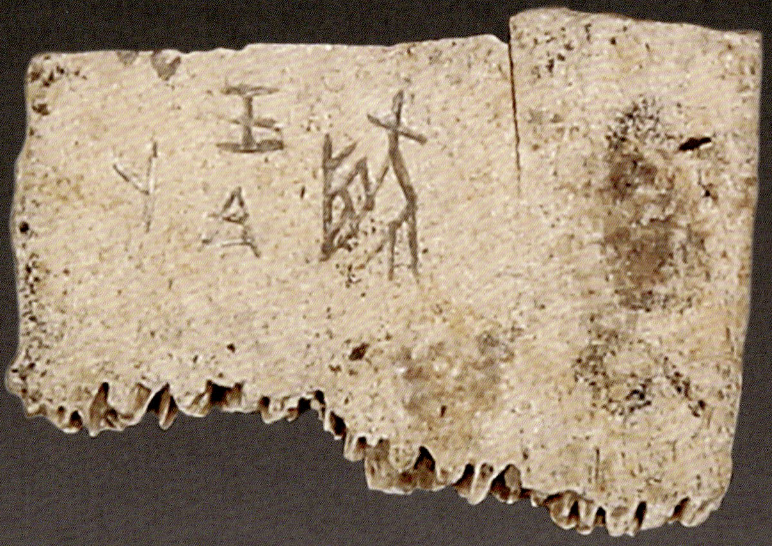

171 照片

正面

反面

上面

下面

左面

右面

171 拓片

171 摹本

編　　號：172
材質部位：龜腹甲
著　　録：《新鄉》213
類　　別：黃組
館藏編號：349
釋　　文：……貞……〔亡〕吠。

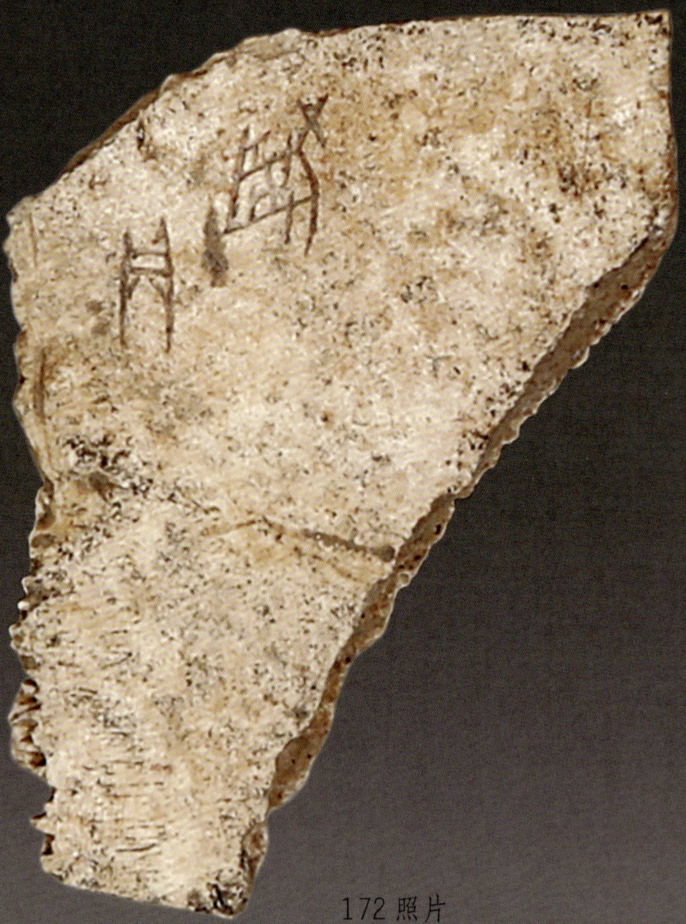

172 照片

正面

反面

上面

下面

左面

右面

172 拓片

172 摹本

編　　號：173
材質部位：龜腹甲
著　　録：《新鄉》161；《介紹》7
類　　別：黄組
館藏編號：103
釋　　文：(1) 乙卯……王遊……往〔來〕亡災。
(2)〔□□〕卜，貞：〔王〕遊于……往來〔亡〕災。

173 照片

正面

反面

上面

下面

左面

右面

173 拓片

173 摹本

編號：174
材質部位：龜腹甲
著錄：《新鄉》183
類别：黄組
館藏編號：093
釋文：(1)癸……
(2)……貞：王賓敹……

174 照片

正面

反面

上面

下面

左面

右面

174 拓片

174 摹本

編號：175
材質部位：龜腹甲
著録：《新鄉》68
類別：黄組
館藏編號：106
釋文：貞：王賓……叙……亡囗。

175照片

正面

反面

上面

下面

左面

右面

175 拓片

175 摹本

編　號：176
材質部位：龜背甲
著　錄：《續存下》865；《新鄉》158；《介紹》6；《合集》35456
類　別：黄組
館藏編號：042
釋　文：丙戌卜，貞：王賓匚丙〔彡〕日，亡吝。

176 照片

正面

反面

上面

下面

左面

右面

176 拓片

176 摹本

編　　號：177
材質部位：龜腹甲
著　　録：《續存下》904；《新鄉》168；《介紹》9；《合集》35358
類　　別：黄組
館藏編號：047
釋　　文：(1)癸亥〔卜，貞〕：王賓……五人……宗，卯……三。
(2)戊午〔卜，貞〕：王〔賓〕……

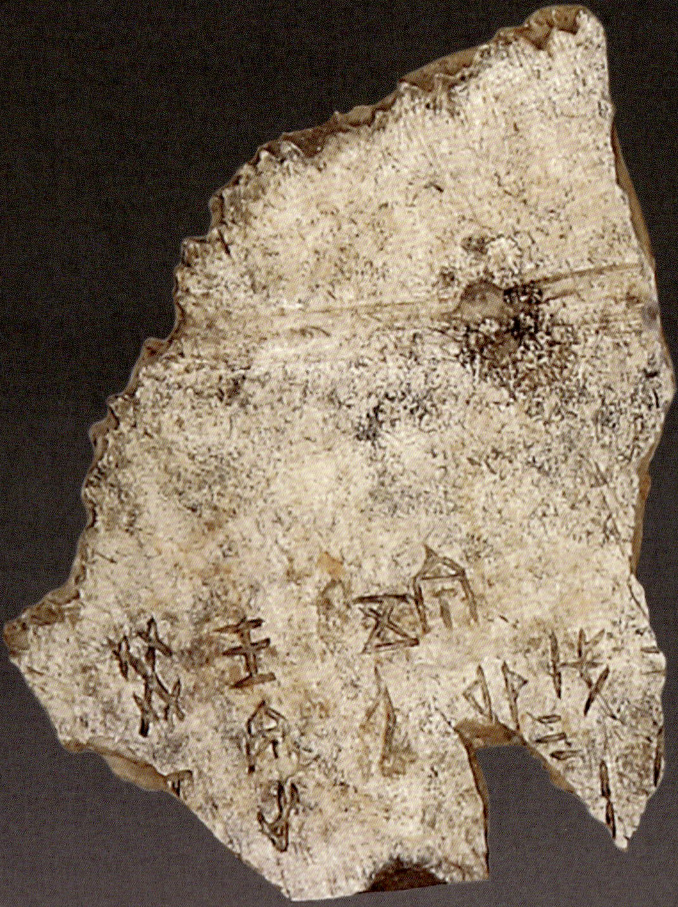

177 照片

正面

反面

上面

下面

左面

右面

177 拓片

177 摹本

編號：178
材質部位：龜腹甲
著錄：《新鄉》139
類別：黃組
館藏編號：279
釋文：……貞……賓翌日……

178照片

正面

反面

上面

下面

左面

右面

178 拓片

178 摹本

編　號：179
材質部位：龜背甲
著　録：《新鄉》64
類　別：黄組
館藏編號：181
釋　文：甲午卜，貞：王賓□……
説　明：『賓』字爲刮削重刻，原本爲『戌卜』二字。

179 照片

正面

反面

上面

下面

左面

右面

179 拓片

179 摹本

編號：180
材質部位：龜腹甲
著録：《新鄉》176
類別：黄組
館藏編號：無
釋文：丁亥卜……王賓……祭……

180照片

正面

反面

上面

下面

左面

右面

180拓片

180摹本

編號：181
材質部位：龜腹甲
著録：《新鄉》167
類別：黄組
館藏編號：130
釋文：(1)己未卜，王賓……祭，亡[吝]。
(2)丁巳……

181 照片

正面

反面

上面

下面

左面

右面

181 拓片

181 摹本

編　號：182
材質部位：龜腹甲
著　錄：《新鄉》172
類　別：黄組
館藏編號：078
釋　文：……貞：王賓……

182照片

正面

反面

上面

下面

左面

右面

182 拓片

182 摹本

編號：183
材質部位：龜腹甲
著錄：《新鄉》84
類別：黄組
館藏編號：296
釋文：……賓……亡吝。

183 照片

正面

反面

上面

下面

左面

右面

183 拓片

183 摹本

編號：184
材質部位：龜背甲
著錄：《新鄉》173
類別：黃組
館藏編號：143
釋文：……貞：王賓叙亡囗。

184 照片

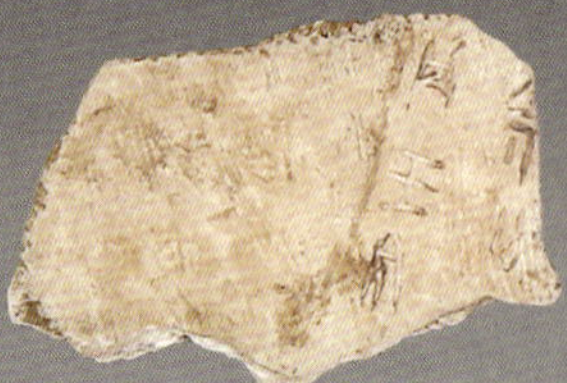

正面

反面

上面

下面

左面

右面

184 拓片

184 摹本

編　號：185
材質部位：龜腹甲
著　錄：《新鄉》83
類　別：黄組
館藏編號：285
釋　文：……卜……賓……癸……

185照片

正面

反面

上面

下面

左面

右面

185拓片

185摹本

編　　號：186
材質部位：龜背甲
著　　錄：《新鄉》81
類　　別：黄組
館藏編號：351
釋　　文：……貞……王賓叔，亡吝。一
説　　明：本版甲骨上可能存在兩條卜辭。

186照片

正面

反面

上面

下面

左面

右面

186 拓片

186 摹本

編號：187
材質部位：龜腹甲
著錄：《新鄉》187
類別：黃組
館藏編號：無
釋文：丁卯卜，〔王〕賓彡……

187 照片

正面

反面

上面

下面

左面

右面

187 拓片

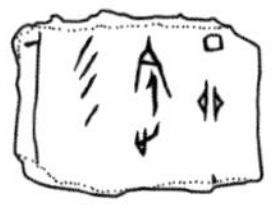

187 摹本

編　號：188
材質部位：龜背甲
著　録：《新鄉》170
類　別：黄組
館藏編號：114
釋　文：……貞：王賓叔，亡［吝］。

188照片

正面

反面

上面

下面

左面

右面

188 拓片

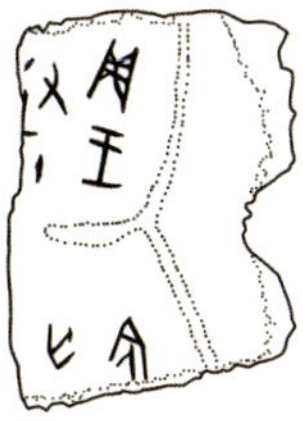

188 摹本

編號：189
材質部位：龜背甲
著錄：《新鄉》80
類別：黄組
館藏編號：072
釋文：……賓……亡吝。

189照片

正面

反面

上面

下面

左面

右面

189 拓片

189 摹本

編號：190
材質部位：龜腹甲
著録：《新鄉》188
類別：黄組
館藏編號：283
釋文：……貞：〔王〕賓……亡……

190 照片

正面

反面

上面

下面

左面

右面

190 拓片

190 摹本

編　號：191
材質部位：龜背甲
著　録：《新鄉》179
類　別：黄組
館藏編號：397
釋　文：甲申卜……王賓……小甲……

191 照片

正面

反面

上面

下面

左面

右面

191 拓片

191 摹本

編　號：192
材質部位：龜腹甲
著　録：《新鄉》209
類　別：黄組
館藏編號：309
釋　文：……貞……⿱冊攴……

192 照片

正面

反面

上面

下面

左面

右面

192 拓片

192 摹本

編　號：193
材質部位：龜腹甲
著　録：《新鄉》189
類　別：黄組
館藏編號：234
釋　文：癸酉卜，……［王賓］中丁……

193照片

正面

反面

上面

下面

左面

右面

193 拓片

193 摹本

編　號：194
材質部位：龜背甲
著　錄：《新鄉》163
類　別：黃組
館藏編號：無
釋　文：癸亥……王賓……亡咎。

194 照片

正面

反面

上面

下面

左面

右面

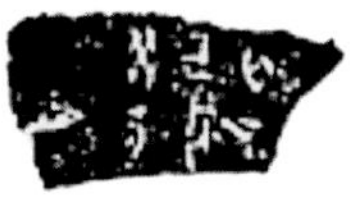

194 拓片

194 摹本

編　號：195
材質部位：龜腹甲
著　錄：《新鄉》166；《介紹》10
類　別：黄組
館藏編號：369
釋　文：(1)……召，〔往〕來〔亡〕災。
(2)□□卜，貞：……于……

195 照片

正面

反面

上面

下面

左面

右面

195 拓片

195 摹本

編　號：196
材質部位：龜腹甲
著　録：《新鄉》208
類　別：黄組
館藏編號：306
釋　文：戊辰卜……
説　明：本版甲骨右邊文字有刮削，漫漶不清。

196照片

正面

反面

上面

下面

左面

右面

196 拓片

196 摹本

編號：197
材質部位：龜腹甲
著錄：《續存下》947；《新鄉》159；《介紹》8；《合集》36606
類別：黃組
館藏編號：058
釋文：(1)丙子〔卜〕，〔在〕攸〔貞〕：……今〔夕亡〕𡆥。
(2)□□卜，在舊〔貞：王今〕夕亡〔𡆥〕。

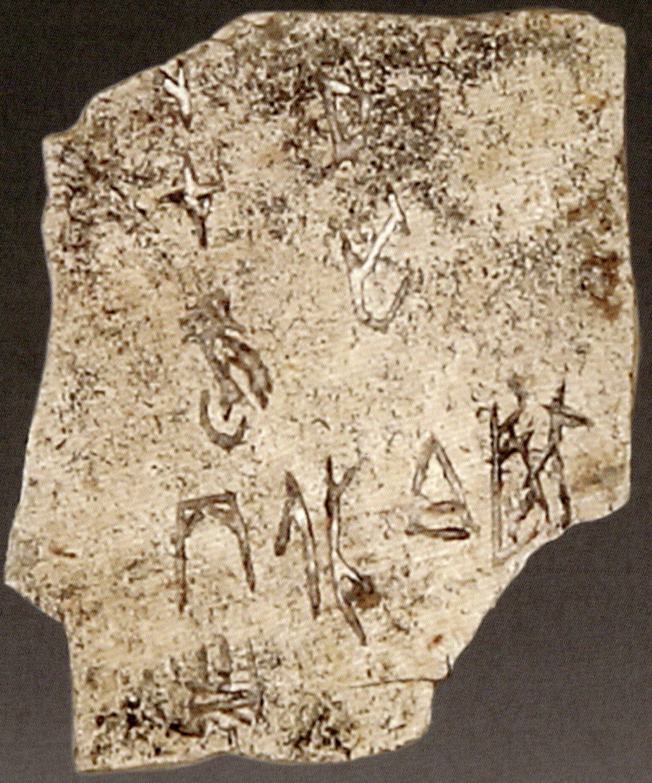

197 照片

正面

反面

上面

下面

左面

右面

197 拓片

197 摹本

編號：198
材質部位：牛胛骨
著録：《續存下》977；《合集》3524；《介紹》46.1
類別：黃組
館藏編號：185
釋文：(1)〔□□〕卜，貞：……王……
(2)癸酉王卜貞：……王固曰……正夷方……
說明：疑本版甲骨綴合有誤。

198 照片

正面

反面

上面

下面

左面

右面

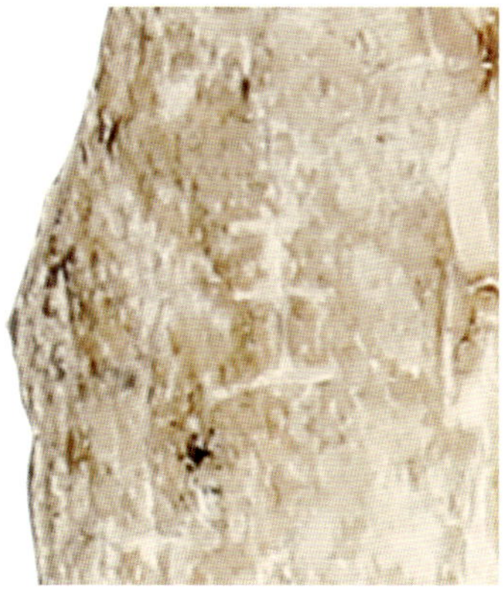

198照片（局部）

198摹本

編號：199
材質部位：龜腹甲
著錄：《新鄉》177
類別：黄組
館藏編號：153
釋文：……貞，王……往〔來〕亡災。

199 照片

正面

反面

上面

下面

左面

右面

199 拓片

199 摹本

編　號：200

材質部位：龜腹甲

著　録：《新鄉》164

類　別：黄組

館藏編號：251

釋　文：……卜貞……往來〔亡〕災。

200 照片

正面

反面

上面

下面

左面

右面

200 拓片

200 摹本

編　號：201

材質部位：龜腹甲

著　錄：《新鄉》197

類　別：黃組

館藏編號：077

釋　文：(1)丙午〔卜，貞〕：康〔且丁丁〕其〔牢〕。兹〔用〕。

(2)……卜，貞：……〔丁〕其牢。〔兹〕用。

説　明：《合集》36011拓片尚能看清楚右下角『兹』字之半。

蔣玉斌認爲本版與251爲一版之折，拼合後即《合集》36011

201 照片

正面

反面

上面

下面

左面

右面

201 拓片

201 摹本

編號：202
材質部位：龜腹甲
著錄：《續存下》926；《新鄉》160；《合集》37521
類別：黄組
館藏編號：059
釋文：(1)辛巳〔王卜〕，貞：田□，往〔來〕亡災。
(2)□□〔王〕卜，貞：〔田〕□，往來〔亡災〕。
〔王〕叱曰：〔吉〕。〔兹〕孚。隻□十又一。

202 照片

正面

反面

上面

下面

左面

右面

202 拓片

202 摹本

編　　號：203
材質部位：龜腹甲
著　　録：《新鄉》201
類　　別：黄組
館藏編號：404
釋　　文：（1）……亡……一。
（2）……貞……亡畎。

203 照片

正面

反面

上面

下面

左面

右面

203 拓片

203 摹本

編號：204
材質部位：龜腹甲
著錄：《新鄉》202
類別：黄組
館藏編號：204
釋文：(1)癸亥……貞……
(2)……卜，……今……

204照片

正面

反面

上面

下面

左面

右面

204 拓片

204 摹本

編　號：205
材質部位：龜腹甲
著　録：《新鄉》221
類　別：黄組
館藏編號：125
釋　文：……貞……〔亡〕……𡆥。

205 照片

正面

反面

上面

下面

左面

右面

205 拓片

205 摹本

編號：206
材質部位：龜腹甲
著錄：《新鄉》210
類別：黃組
館藏編號：016
釋文：〔□□〕卜，在……往田……逐（？）……

206 照片

正面

反面

上面

下面

左面

右面

206 拓片

206 摹本

編　號：207
材質部位：龜腹甲
著　錄：《新鄉》178
類　別：黄組
館藏編號：038
釋　文：〔□□〕卜，在……貞，王……亡吠。

207 照片

正面

反面

上面

下面

左面

右面

207 拓片

207 摹本

編　號：208
材質部位：龜腹甲
著　録：《新鄉》162
類　別：黄組
館藏編號：108
釋　文：戊辰……王田……往來〔亡災〕。

208 照片

正面

反面

上面

下面

左面

右面

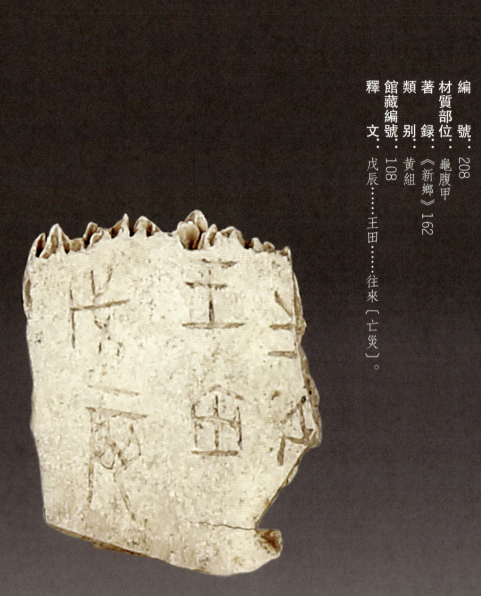

208 拓片

208 摹本

編　號：209
材質部位：龜腹甲
著　録：《新鄉》223
類　別：黄組
館藏編號：154
釋　文：〔□□〕卜貞，……不（？）雨（？）……

209 照片

正面

反面

上面

下面

左面

右面

209 拓片

209 摹本

編　　號：210
材質部位：龜背甲
著　　錄：《新鄉》218
類　　別：黄組
館藏編號：123
釋　　文：……貞……叙……

210 照片

正面

反面

上面

下面

左面

右面

210拓片

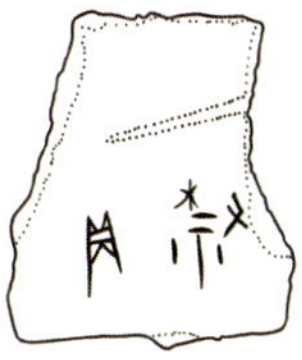

210摹本

編　　號：211
材質部位：龜腹甲
著　　錄：《新鄉》219
類　　別：黃組
館藏編號：126
釋　　文：……奭……劦上甲……□……

211 照片

正面

反面

上面

下面

左面

右面

211 拓片

211 摹本

編　　號：212
材質部位：龜背甲
著　　録：《新鄉》195
類　　别：黄組
館藏編號：219
釋　　文：〔戊〕戌卜，貞：……〔王賓〕大戊……亡〔吝〕。

212照片

正面

反面

上面

下面

左面

右面

212 拓片

212 摹本

編號：213
材質部位：龜背甲
著録：《新鄉》95
類別：黃組
館藏編號：066
釋文：□□卜，貞：〔王賓〕歲，〔亡〕吝。

213照片

正面

反面

上面

下面

左面

右面

213拓片

213摹本

編　號：214
材質部位：龜背甲
著　錄：《新鄉》198
類　別：黃組
館藏編號：無
釋　文：……卜，貞……歲，亡〔吝〕。

214照片

正面

反面

上面

下面

左面

右面

214 拓片

214 摹本

国家出版基金项目
NATIONAL PUBLICATION FOUNDATION

河南藏甲骨集成

新鄉市博物館卷

三

總主编／李運富　本卷主编／郝永飛　本卷编纂／張新俊

中原出版傳媒集團
中原傳媒股份公司
河南美術出版社
·鄭州·

有字甲骨

編　號：215
材質部位：龜背甲
著　録：《新鄉》200
類　別：黄組
館藏編號：362
釋　文：……歲……吝。

215照片

正面

反面

上面

下面

左面

右面

215拓片

215摹本

編號：216
材質部位：龜腹甲
著錄：《新鄉》185
類別：黄組
館藏編號：無
釋文：丙午〔卜〕……文武丁……兹……

216照片

正面

反面

上面

下面

左面

右面

216拓片

216摹本

編　　號： 217
材質部位： 龜背甲
著　　録： 無
類　　別： 黄組
館藏編號： 131
釋　　文： ……貞……㪘……

217 照片

正面

反面

上面

下面

左面

右面

217 照片（局部）

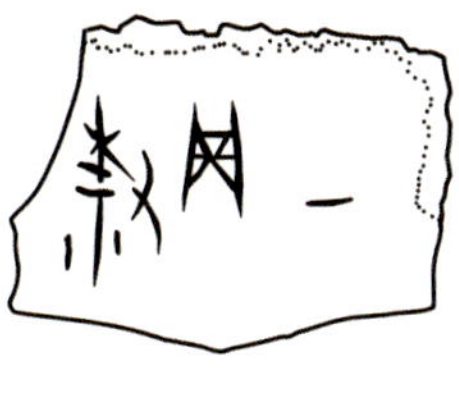

217 摹本

編　號：218
材質部位：龜腹甲
著　錄：《新鄉》212
類　別：黃組
館藏編號：378
釋　文：……貞……且己……

218 照片

正面

反面

上面

下面

左面

右面

218拓片

218摹本

編　　號：219
材質部位：龜腹甲
著　　録：《新鄉》105
類　　別：黄組
館藏編號：039
釋　　文：……其牢……

219照片

正面

反面

上面

下面

左面

右面

219 拓片

219 摹本

編號：220
材質部位：龜腹甲
著錄：《新鄉》190
類別：黄組
館藏編號：180
釋文：(1)叀羊。兹〔用〕。
(2)〔叀〕羊。

220 照片

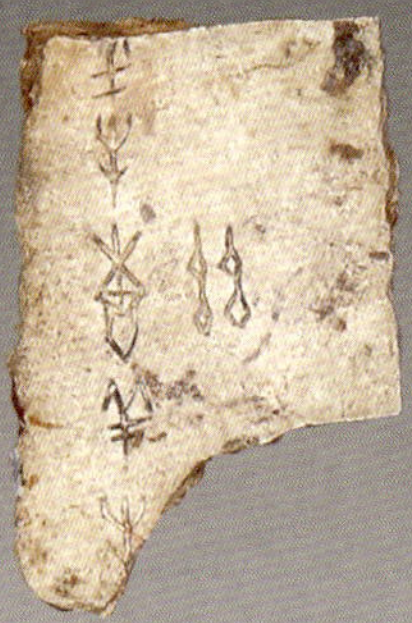

正面

反面

上面

下面

左面

右面

220 拓片

220 摹本

編號：221
材質部位：龜腹甲
著錄：《新鄉》138
類別：黄組
館藏編號：318
釋文：……一牛。

221 照片

正面

反面

上面

下面

左面

右面

221 拓片

221 摹本

編號：222
材質部位：龜腹甲
著錄：《新鄉》129
類別：黃組
館藏編號：199
釋文：〔其〕牢〔又〕一牛。

222照片

正面

反面

上面

下面

左面

右面

222 拓片

222 摹本

編　　號：223
材質部位：龜腹甲
著　　錄：《新鄉》217
類　　別：黄組
館藏編號：281
釋　　文：……勿牛……

223 照片

正面

反面

上面

下面

左面

右面

223 拓片

223 摹本

編　號：224
材質部位：龜腹甲
著　録：《新鄉》222
類　別：黄組
館藏編號：393
釋　文：（1）叀……
（2）……物……用。

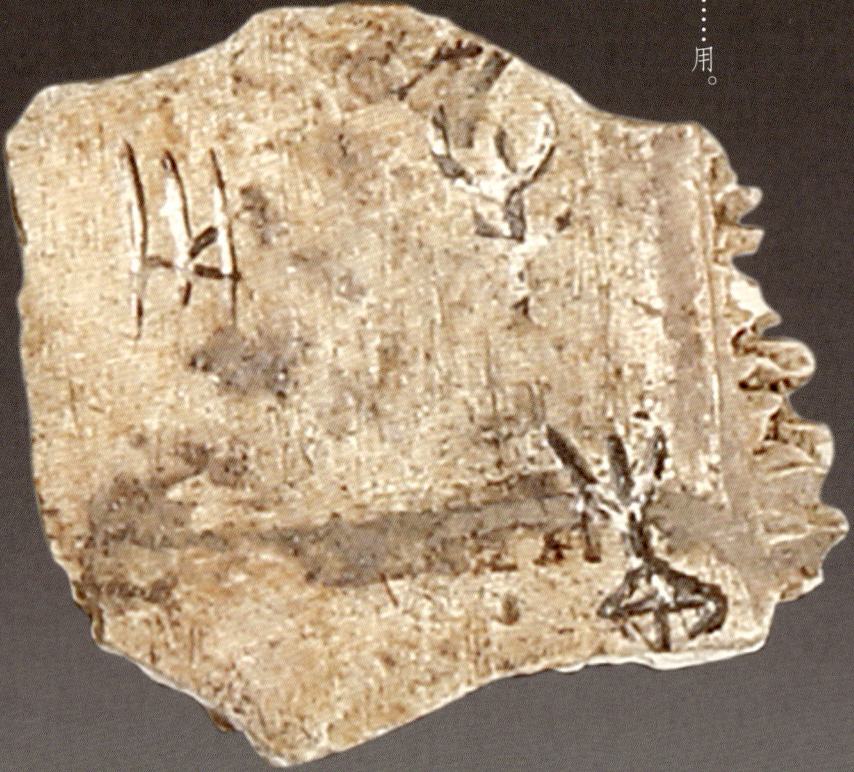

224 照片

正面

反面

上面

下面

左面

右面

224 拓片

224 摹本

編　號：225
材質部位：龜腹甲
著　錄：《新鄉》192
類　別：黄組
館藏編號：069
釋　文：(1)叀……
(2)叀勿牛。

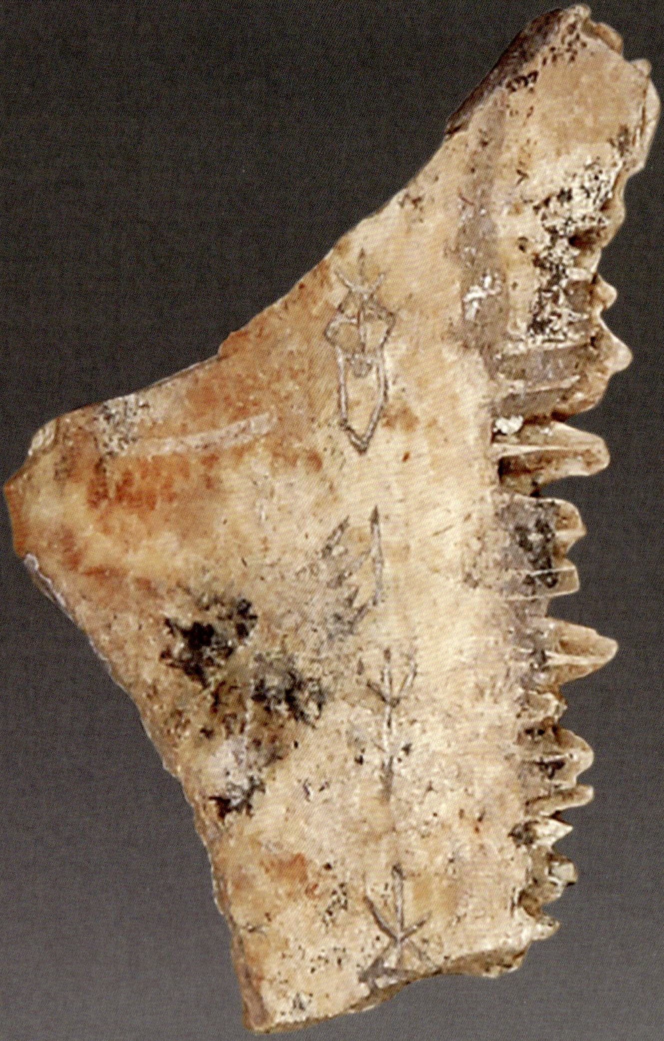

225 照片

正面

反面

上面

下面

左面

右面

225 拓片

225 摹本

編　　號：226
材質部位：龜腹甲
著　　録：《新鄉》191
類　　別：黄組
館藏編號：013
釋　　文：(1)叀……
(2)……戠牛……［茲］用。

226 照片

正面

反面

上面

下面

左面

右面

226 拓片

226 摹本

編號：227
材質部位：龜腹甲
著錄：《新鄉》211
類別：黃組
館藏編號：183
釋文：……勿牛……

227 照片

正面

反面

上面

下面

左面

右面

227 拓片

227 摹本

編號：228
材質部位：龜腹甲
著錄：《新鄉》205
類別：黄組
館藏編號：236
釋文：〔乙□〕卜，貞：〔王賓〕大乙埶（？）……

228 照片

正面

反面

上面

下面

左面

右面

228 拓片

228 摹本

編　號：229

材質部位：龜腹甲

著　錄：《新鄉》120

類　別：黄組

館藏編號：018

釋　文：(1)叀……

(2)……牛。

229 照片

正面

反面

上面

下面

左面

右面

229 拓片

229 摹本

編　號： 230

材質部位： 龜腹甲

著　録： 《新鄉》199

類　別： 黄組

館藏編號： 233

釋　文： ……歲，亡吝。

230 照片

正面

反面

上面

下面

左面

右面

230 拓片

230 摹本

編號：231
材質部位：龜背甲
著録：《新鄉》204
類別：黄組
館藏編號：025
釋文：……戠牛……
説明：『戠牛』右有殘字，不識。

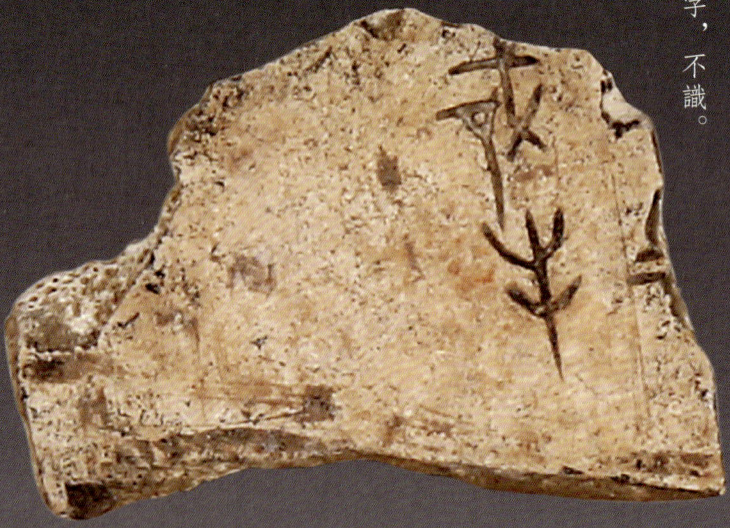

231 照片

正面

反面

上面

下面

左面

右面

231 拓片

231 摹本

編號：232

材質部位：牛胛骨

著錄：《新鄉》226

類別：黃組

館藏編號：062

釋文：(1) 其……二

(2) ……改（？）……

232 照片

正面

反面

上面

下面

左面

右面

232 拓片

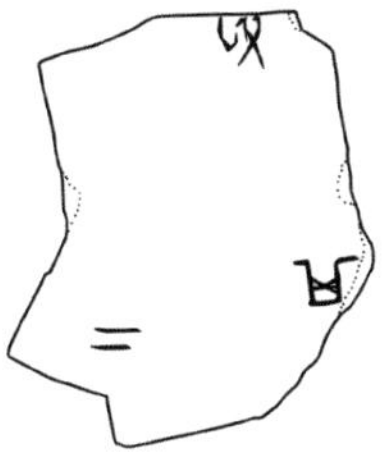

232 摹本

編號：233
材質部位：龜腹甲
著録：《新鄉》227
類別：黄組
館藏編號：391
釋文：（1）丁〔卜〕……貞……丙……
（2）……羊……

233 照片

正面

反面

上面

下面

左面

右面

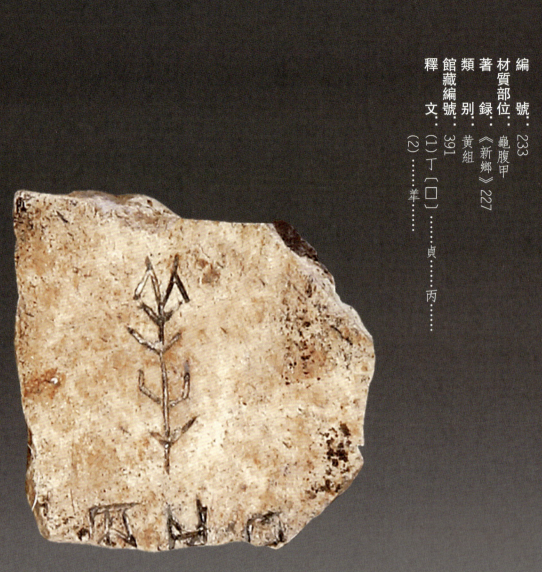

233 拓片

233 摹本

編　號：234
材質部位：龜背甲
著　録：《新鄉》200
類　別：黄組
館藏編號：133
釋　文：〔□□〕卜貞……歲亡吝。

234 照片

正面

反面

上面

下面

左面

右面

234 拓片

234 摹本

編號：235
材質部位：牛胛骨
著錄：《新鄉》224
類別：黃組
館藏編號：無
釋文：其……□……

235 照片

正面

反面

上面

下面

左面

右面

235 拓片

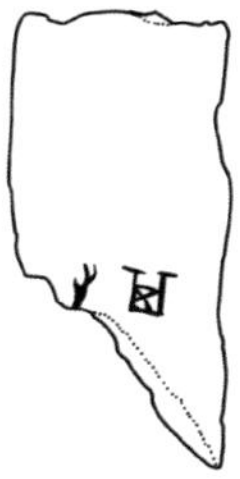

235 摹本

編號：236

材質部位：龜腹甲

著録：《新鄉》184

類別：黄組或出組

館藏編號：368

釋文：……賓（？）……亡吝。

236 照片

正面

反面

上面

下面

左面

右面

236 拓片

236 摹本

編　　號：237
材質部位：龜腹甲
著　　錄：《新鄉》121
類　　別：黄組，或以爲是賓出類
館藏編號：341
釋　　文：……□上甲大……

237 照片

正面

反面

上面

下面

左面

右面

237 拓片

237 摹本

編　　號： 238

材質部位： 龜腹甲

著　　錄： 《新鄉》65

類　　別： 黃組

館藏編號： 331

釋　　文： 王賓……亡［吝］。

238照片

正面

反面

左面

上面

下面

右面

238 拓片

238 摹本

編　　號：239
材質部位：龜背甲
著　　録：《新鄉》174
類　　别：黄組
館藏編號：025
釋　　文：……貞……王賓……〔亡〕吝。

239照片

正面

反面

上面

下面

左面

右面

239 拓片

239 摹本

編　　號：240
材質部位：龜腹甲
著　　録：《新鄉》157
類　　別：黄組
館藏編號：052
釋　　文：……日……司……

240 照片

正面

反面

上面

下面

左面

右面

240 拓片

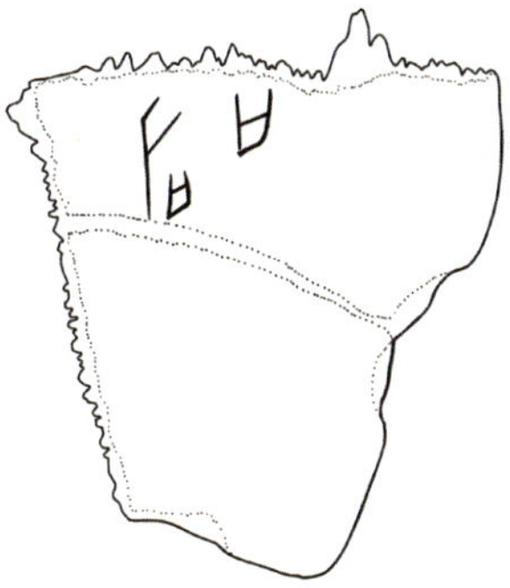

240 摹本

編號：241
材質部位：龜腹甲
著錄：《新鄉》228
類別：黃組
館藏編號：405
釋文：……其……二

241 照片

正面

反面

上面

下面

左面

右面

241 拓片

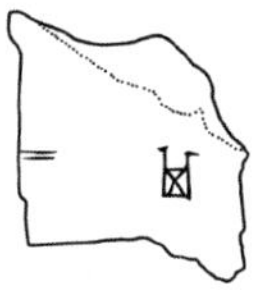

241 摹本

編號：242
材質部位：牛胛骨
著録：無
類別：黄組
館藏編號：360
釋文：其囗……

242 照片

正面

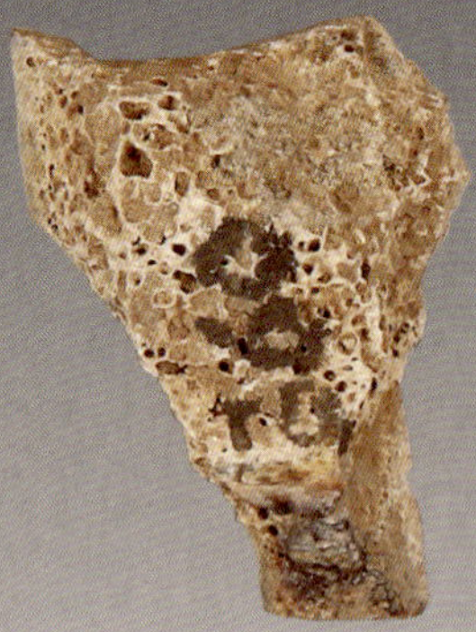

反面

上面

下面

242 照片（局部）

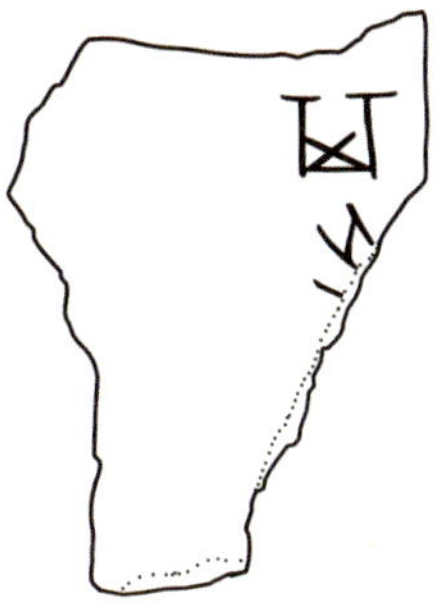

242 摹本

編　　號：243
材質部位：龜腹甲
著　　録：《新鄉》175
類　　別：黄組
館藏編號：321
釋　　文：……王賓……

243 照片

正面

反面

上面

下面

左面

右面

243 拓片

243 摹本

編　　號：244
材質部位：龜腹甲
著　　錄：《新鄉》206
類　　別：黃組
館藏編號：232
釋　　文：〔□□〕冎卜，貞……王賓……

244 照片

正面

反面

上面

下面

左面

右面

244 拓片

244 摹本

編號：245
材質部位：龜腹甲
著録：《新鄉》231
類別：黄組
館藏編號：418
釋文：叀……二

245 照片

正面

反面

上面

下面

左面

右面

245 拓片

245 摹本

編　　號：246
材質部位：龜腹甲
著　　録：《新鄉》230
類　　别：黄組
館藏編號：244
釋　　文：叀……一

246照片

正面

反面

上面

下面

左面

右面

246 拓片

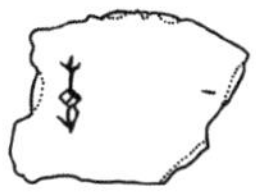

246 摹本

編號：247
材質部位：龜腹甲
著錄：無
類別：黄組
館藏編號：317
釋文：……賓……亡□

247 照片

正面

反面

上面

下面

左面

右面

247 照片（局部）

247 摹本

編號：248
材質部位：龜腹甲
著錄：《新鄉》214
類別：黄組
館藏編號：262
釋文：癸……□亡……

248 照片

正面

反面

上面

下面

左面

右面

248 拓片

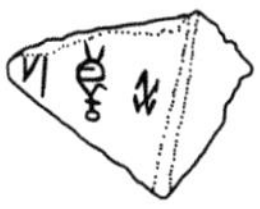

248 摹本

編　　號：249
材質部位：牛胛骨
著　　録：無
類　　別：黄組
館藏編號：303
釋　　文：……受年……

249 照片

正面

反面

上面

下面

左面

右面

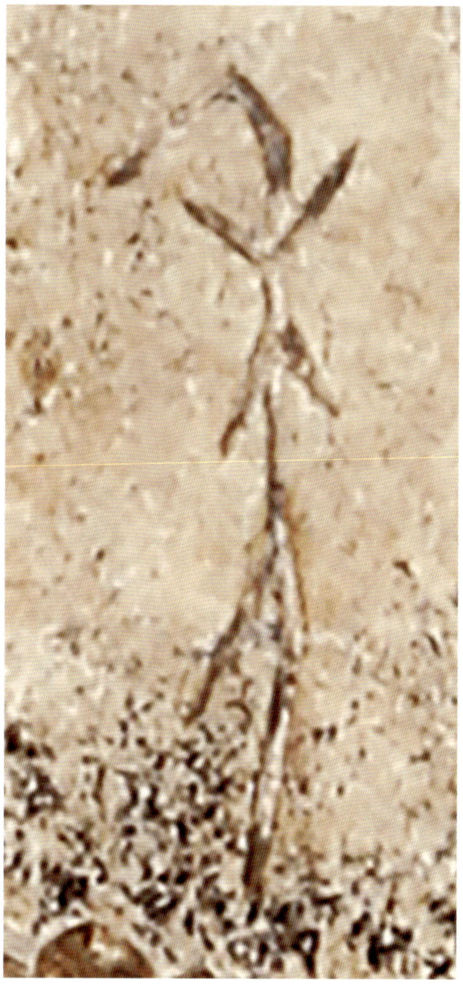

249 照片（局部）

249 摹本

編號：250
材質部位：龜腹甲
著録：《新鄉》140
類別：黄組
館藏編號：275
釋文：甲辰……亡……

250 照片

正面

反面

上面

下面

左面

右面

250 拓片

250 摹本

編號：251
材質部位：龜腹甲
著錄：《新鄉》196
類別：黄組
館藏編號：無
釋文：〔□□〕卜，貞……其……亡……
說明：參201號

251照片

正面

反面

上面

下面

左面

右面

251 拓片

251 摹本

編　號：252
材質部位：龜腹甲
著　録：無
類　別：黄組
館藏編號：295
釋　文：……貞……祼……

252 照片

正面

反面

上面

下面

左面

右面

252 照片（局部）

252 摹本

編　號：253
材質部位：龜腹甲
著　録：《新鄉》203
類　別：黃組
館藏編號：無
釋　文：〔□□〕卜，貞：且甲……牢……

253 照片

正面

反面

上面

下面

左面

右面

253 拓片

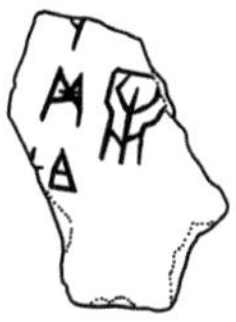

253 摹本

編　號：254

材質部位：龜腹甲

著　録：《新鄉》183

類　別：黄組

館藏編號：020

釋　文：……貞王［賓］……叙……

254 照片

正面

反面

上面

下面

左面

右面

254 拓片

254 摹本

編　號：255
材質部位：龜腹甲
著　録：無
類　別：黄組
館藏編號：036
釋　文：（1）癸巳……
（2）……卜……一

255 照片

正面

反面

上面

下面

左面

右面

255 拓片

255 摹本

編號：256
材質部位：龜腹甲
著録：無
類別：黄組
館藏編號：311
釋文：……季……

256 照片

正面

反面

上面

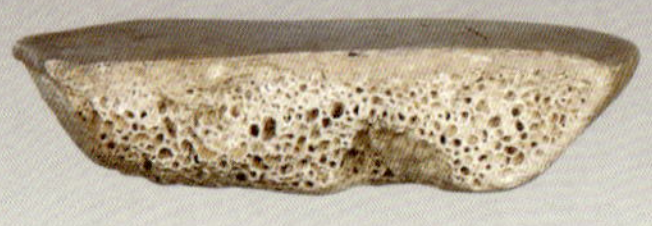

下面

左面

右面

256 照片（局部）

256 摹本

編號：257
材質部位：龜腹甲
著錄：無
類別：待定
館藏編號：無
釋文：……吝……

257 照片

正面

反面

上面

下面

左面

右面

257 照片（局部）

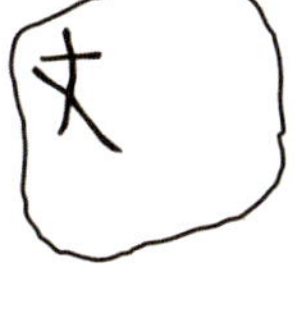

257 摹本

編號：258
材質部位：牛胛骨
著錄：無
類別：待定
館藏編號：220
釋文：……卜……庚……

258照片

正面

反面

上面

下面

左面

右面

258 拓片

258 摹本

編號：259
材質部位：龜腹甲
著録：《新鄉》148
類別：待定
館藏編號：235
釋文：〔□□〕卜，貞……

259 照片

正面

反面

上面

下面

左面

右面

259 拓片

259 摹本

編號：260
材質部位：龜腹甲
著録：無
類別：待定
館藏編號：無
釋文：叀……

260照片

正面

反面

上面

下面

左面

右面

260 照片（局部）

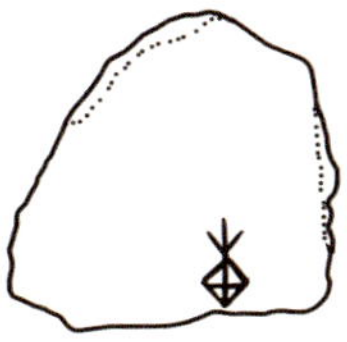

260 摹本

編　　號：261
材質部位：龜腹甲
著　　録：無
類　　别：待定
館藏編號：無
釋　　文：……貞……

261 照片

正面

反面

上面

下面

左面

右面

261 照片（局部）

261 摹本

編　號：262
材質部位：龜背甲
著　錄：無
類　別：待定
館藏編號：224
釋　文：貞（？）

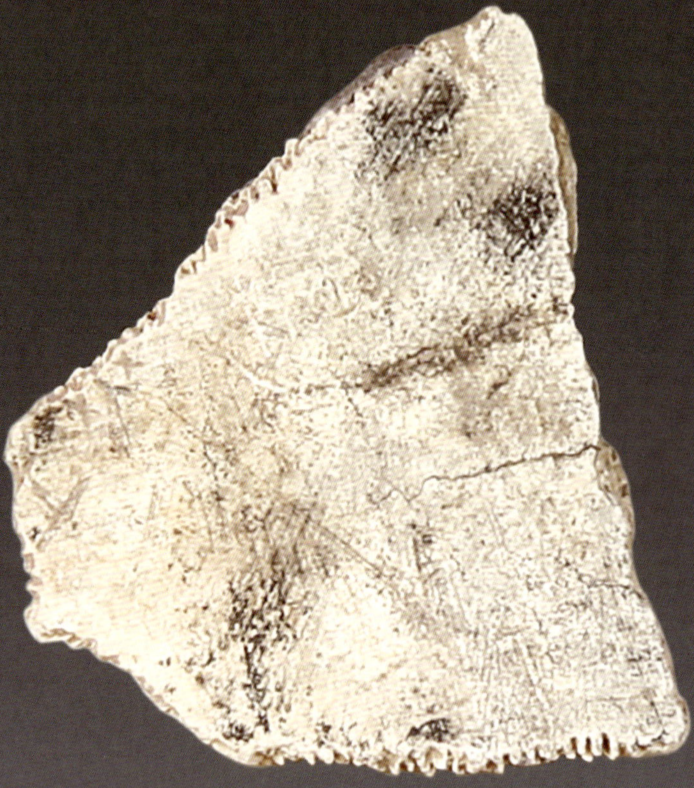

262照片

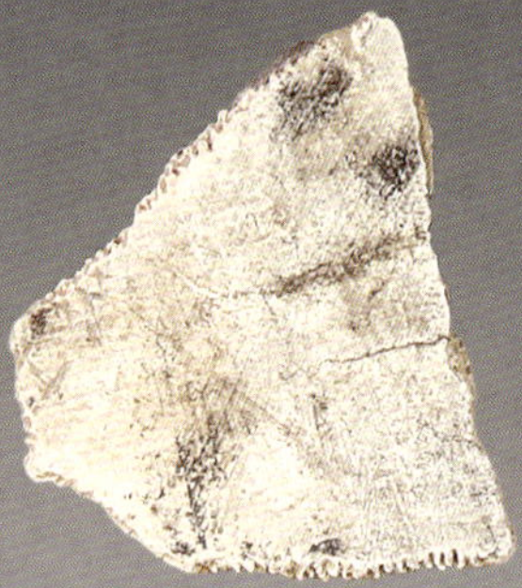

正面

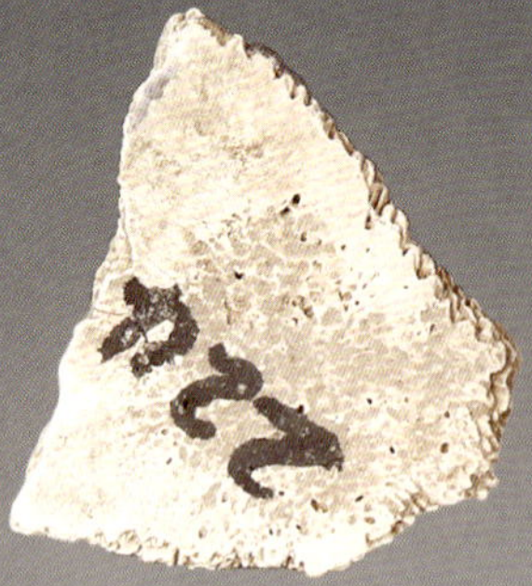

反面

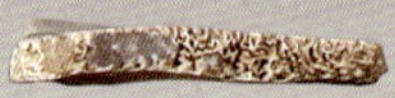

上面

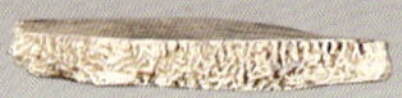

下面

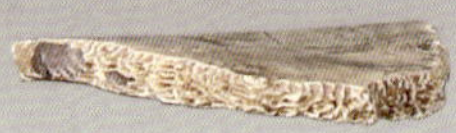

左面

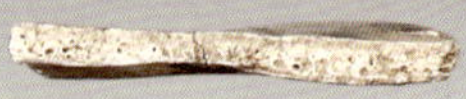

右面

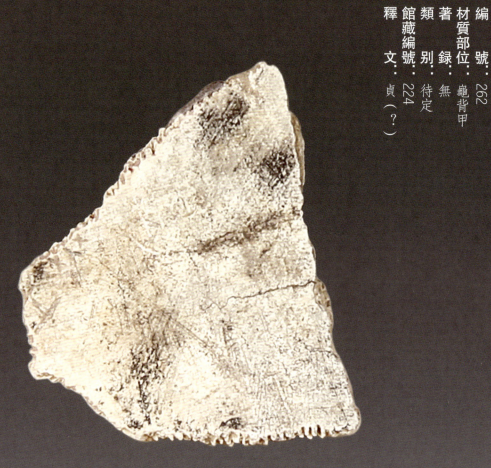

262 照片（局部）

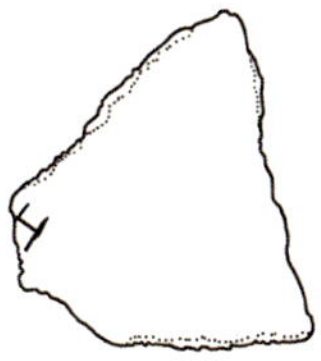

262 摹本

編　號：263
材質部位：龜腹甲
著　錄：無
類　別：待定
館藏編號：無
釋　文：叀……

263照片

正面

反面

上面

下面

左面

右面

263 照片（局部）

263 摹本

編號：264
材質部位：龜腹甲
著録：《新鄉》229
類別：待定
館藏編號：316
釋文：……貞……庚……

264 照片

正面

反面

上面

下面

左面

右面

264 拓片

264 摹本

編號：265
材質部位：龜腹甲
著録：無
類別：待定
館藏編號：無
釋文：……雨……

265 照片

正面

反面

上面

左面

右面

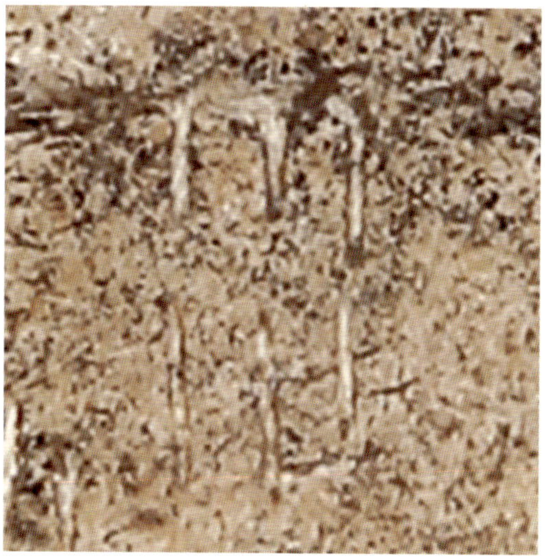

265 照片（局部）

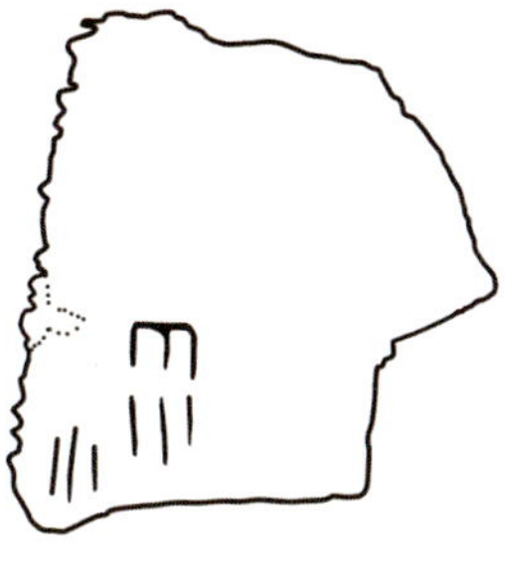

265 摹本

編　號：266
材質部位：龜腹甲
著　錄：無
類　別：待定
館藏編號：402
釋　文：……亡（？）囚。　四

266 照片

正面

反面

上面

下面

左面

右面

266 拓片

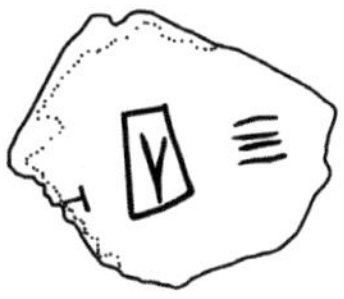

266 摹本

編號：267
材質部位：龜腹甲
著錄：無
類別：待定
館藏編號：無
釋文：……牛……

267照片

正面

反面

上面

下面

左面

右面

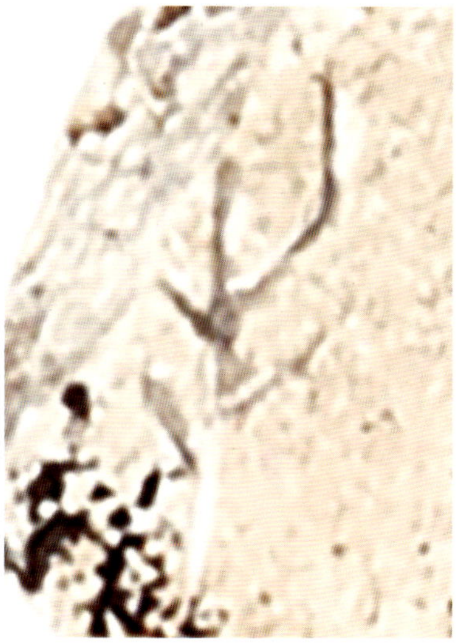

267 照片（局部）

267 摹本

編　號：268
材質部位：龜腹甲
著　録：《新鄉》131
類　別：待定
館藏編號：242
釋　文：三月。

268 照片

正面

反面

上面

下面

左面

右面

268 拓片

268 摹本

編號：269
材質部位：龜腹甲
著錄：《新鄉》133
類別：待定
館藏編號：152
釋文：九月。

269 照片

正面

反面

上面

下面

左面

右面

269 拓片

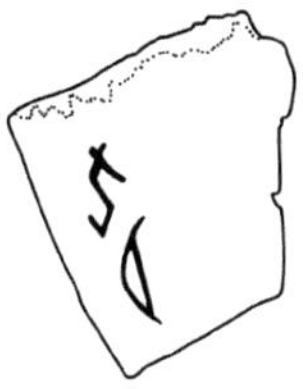

269 摹本

編　號：270
材質部位：龜腹甲
著　録：《新鄉》132
類　別：待定
館藏編號：269
釋　文：八月。

270 照片

正面

反面

上面

下面

左面

右面

270 拓片

270 摹本

編　號： 271
材質部位： 龜腹甲
著　錄： 《新鄉》180
類　別： 待定，可能是黄組
館藏編號： 289
釋　文： 庚戌……一

271 照片

正面

反面

上面

下面

左面

右面

271 拓片

271 摹本

編號：272
材質部位：龜腹甲
著錄：無
類別：待定
館藏編號：398
釋文：小（？）告　一

272 照片

正面

反面

上面

下面

左面

右面

272 照片（局部）

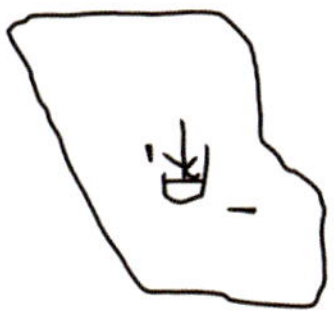

272 摹本

編　號：273
材質部位：龜腹甲
著　録：《新鄉》136
類　別：待定
館藏編號：251
釋　文：……蚑……

273照片

正面

反面

上面

下面

左面

右面

273 拓片

273 摹本

編　號：274
材質部位：龜腹甲
著　録：無
類　別：待定
館藏編號：329
釋　文：侯……

274照片

正面

反面

上面

下面

左面

右面

274 照片（局部）

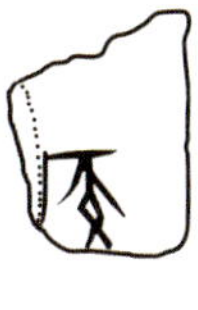

274 摹本

編　號：275
材質部位：龜背甲
著　錄：無
類　別：待定
館藏編號：226
釋　文：(1)……亡……
(2)……翌……□……□……

275 照片

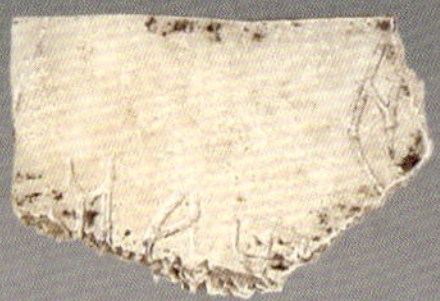

正面

反面

上面

下面

左面

右面

275 照片（局部）

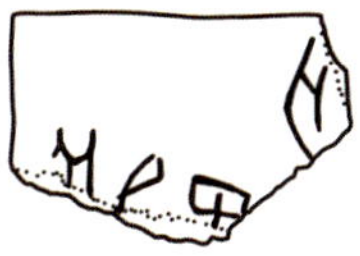

275 摹本

編　　號：276
材質部位：龜背甲
著　　録：《新鄉》225
類　　別：待定
館藏編號：251
釋　　文：……亥（？）貞……

276 照片

正面

反面

上面

下面

左面

右面

276 拓片

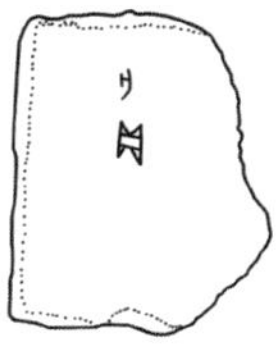

276 摹本

編　號：277
材質部位：龜腹甲
著　録：無
類　別：待定
館藏編號：253
釋　文：三

277 照片

正面

反面

上面

下面

左面

右面

277 照片（局部）

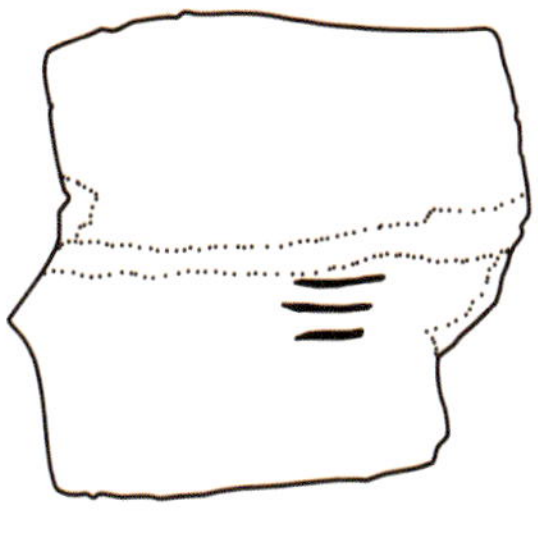

277 摹本

編號：278
材質部位：牛胛骨
著錄：無
類別：待定
館藏編號：102
釋文：五

278 照片

正面

反面

上面

下面

左面

右面

278 照片（局部）

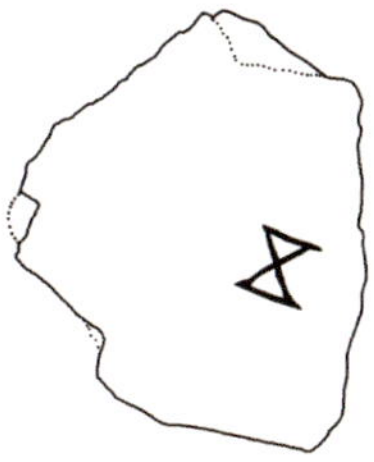

278 摹本

編　號：279
材質部位：龜腹甲
著　録：無
類　別：待定
館藏編號：238
釋　文：三

279 照片

正面

反面

上面

下面

左面

右面

279 照片（局部）

279 摹本

編號：280
材質部位：龜腹甲
著錄：無
類別：待定
館藏編號：340
釋文：五

280 照片

正面

反面

上面

下面

左面

右面

280 照片（局部）

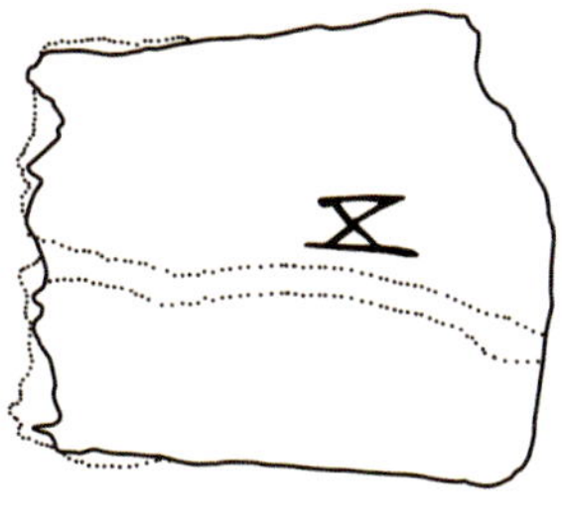

280 摹本

編　號：281
材質部位：龜腹甲
著　録：無
類　別：待定
館藏編號：239
釋　文：〔□□〕卜……

281 照片

正面

反面

上面

下面

左面

右面

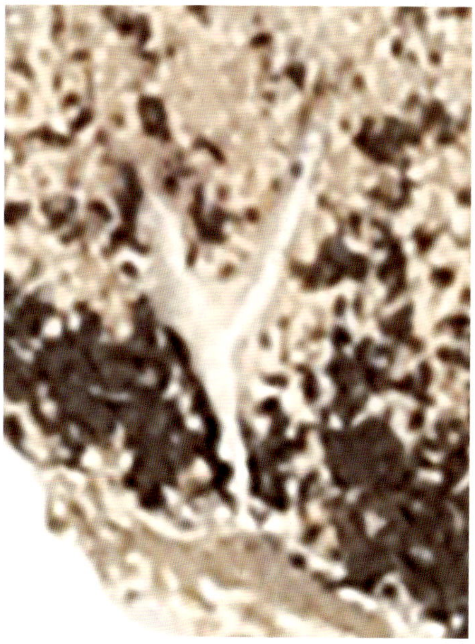

281 照片（局部）

281 摹本

編　號：282
材質部位：龜腹甲
著　録：無
類　别：待定
館藏編號：112
釋　文：史（？）

282 照片

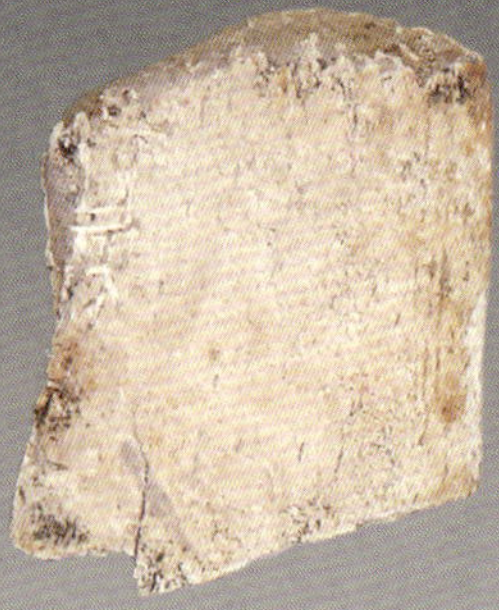

正面

反面

上面

下面

左面

右面

282 照片（局部）

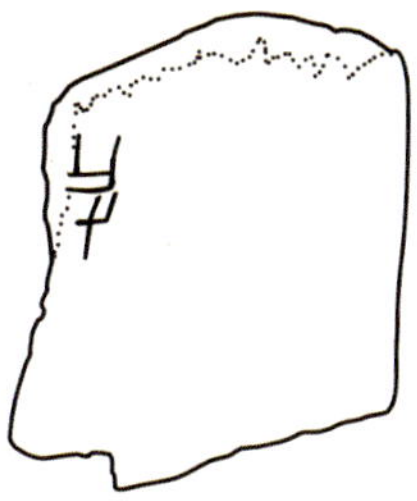

282 摹本

編號：283
材質部位：龜腹甲
著録：無
類別：待定
館藏編號：411
釋文：四

283 照片

正面

反面

上面

下面

左面

右面

283 照片（局部）

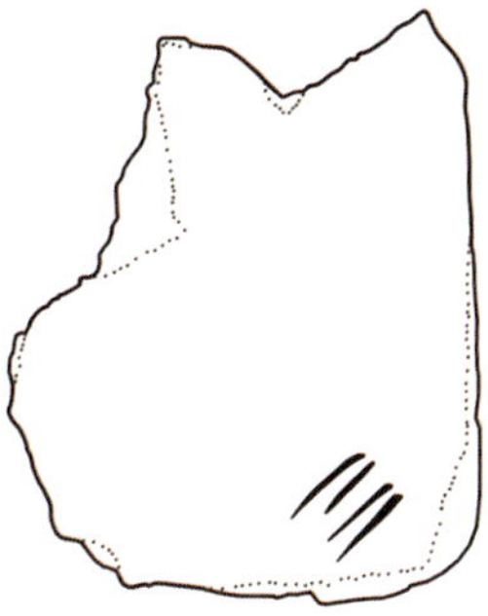

283 摹本

編號：284
材質部位：牛胛骨
著録：無
類別：待定
館藏編號：031
釋文：癸

284 照片

正面

反面

上面

下面

左面

右面

284 照片（局部）

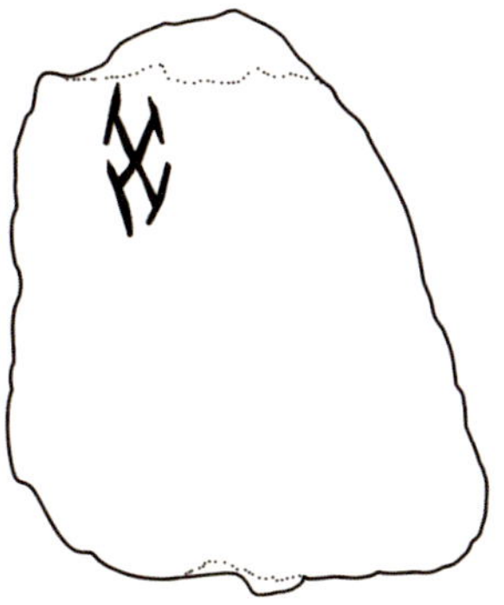

284 摹本

編號：285
材質部位：龜腹甲
著録：無
類別：待定
館藏編號：無
釋文：〔□□〕卜㱿（？）……

285 照片

正面

反面

上面

下面

左面

右面

285 照片（局部）

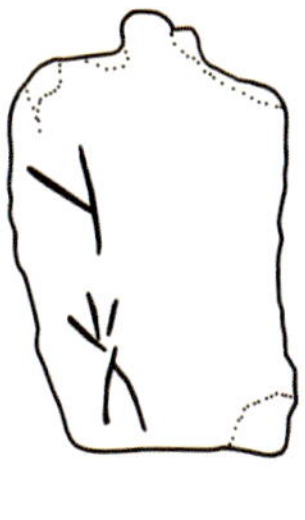

285 摹本

編號：286
材質部位：龜腹甲
著錄：無
類別：待定
館藏編號：073
釋文：九月（？）

286照片

正面

反面

上面

下面

左面

右面

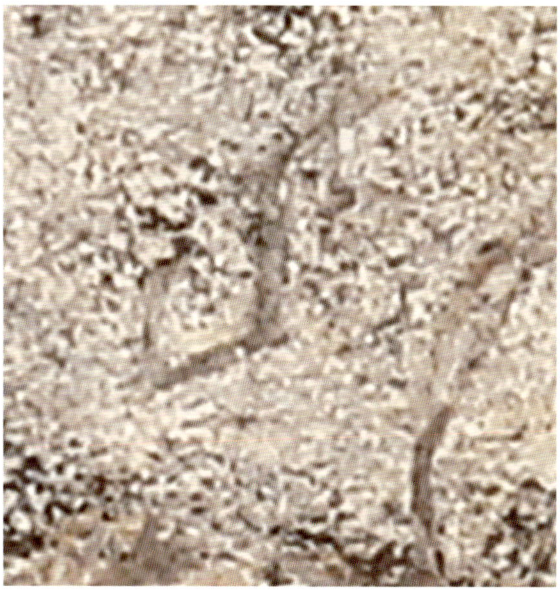

286 照片（局部）

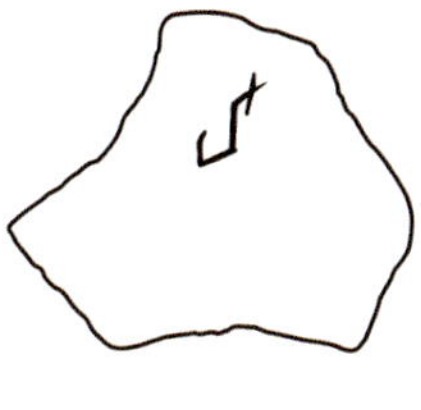

286 摹本

編號：287
材質部位：龜腹甲
著錄：無
類別：待定
館藏編號：361
釋文：……夕……

287 照片

正面

反面

上面

下面

左面

右面

287 照片（局部）

287 摹本

編號：288
材質部位：龜腹甲
著録：無
類別：待定
館藏編號：無
釋文：甲（？）……

288照片

正面

反面

上面

下面

左面

右面

288 照片（局部）

288 摹本

編　號：289
材質部位：龜腹甲
著　録：無
類　別：待定
館藏編號：367
釋　文：壬申……□……一

289 照片

正面　反面

上面　下面　左面　右面

289 照片（局部）

289 摹本

編　號：290
材質部位：龜腹甲
著　録：無
類　別：待定
館藏編號：120
釋　文：辛……□……

290 照片

正面

反面

上面

下面

左面

右面

290 照片（局部）

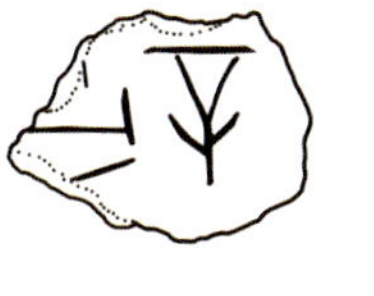

290 摹本

編　號：291
材質部位：龜腹甲
著　錄：無
類　別：待定
館藏編號：287
釋　文：……貞……

291 照片

正面

反面

上面

下面

左面

右面

291 照片（局部）

291 摹本

編號：292
材質部位：龜腹甲
著錄：無
類別：待定
館藏編號：297
釋文：……又二……

292 照片

正面

反面

上面

下面

左面

右面

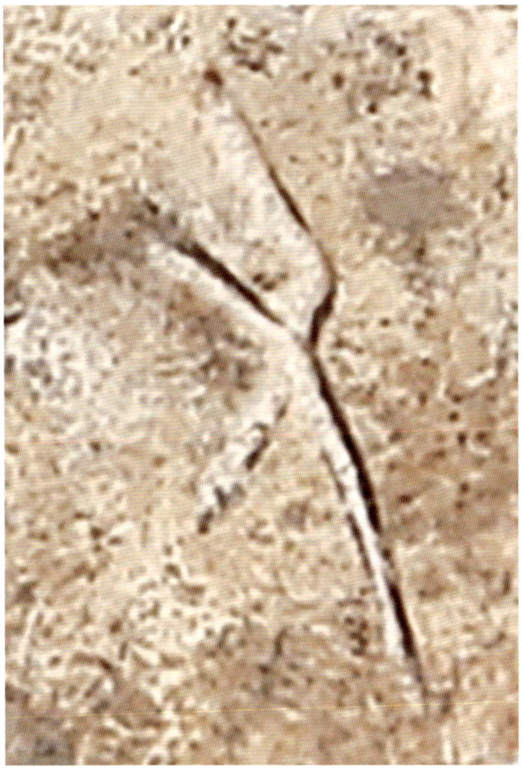

292 照片（局部）

292 摹本

編號：293
材質部位：龜腹甲
著錄：無
類別：待定
館藏編號：327
釋文：貞……

293照片

正面

反面

上面

下面

左面

右面

293 照片（局部）

293 摹本

編　號：294
材質部位：牛胛骨
著　録：《新鄉》140
類　別：待定
館藏編號：241
釋　文：甲申……

294 照片

正面

反面

上面

下面

左面

右面

294 拓片

294 摹本

編號：295
材質部位：龜腹甲
著錄：無
類別：待定
館藏編號：無
釋文：甲卜……

295 照片

正面

反面

上面

下面

左面

右面

295 照片（局部）

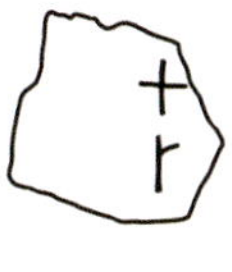

295 摹本

編號：296
材質部位：龜腹甲
著録：無
類別：待定
館藏編號：292
釋文：……叀……

296 照片

正面

反面

上面

下面

左面

右面

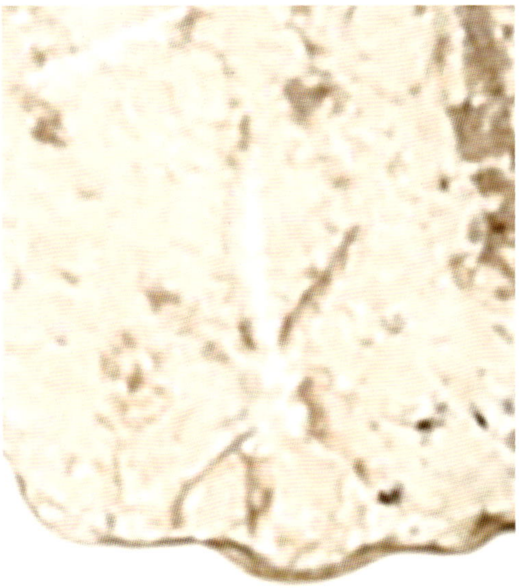

296 照片（局部）

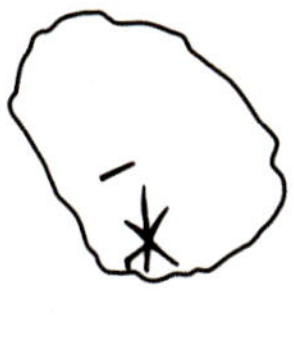

296 摹本

編號：297
材質部位：龜腹甲
著錄：無
類別：待定
館藏編號：無
釋文：……旬……

297 照片

正面

反面

上面

下面

左面

右面

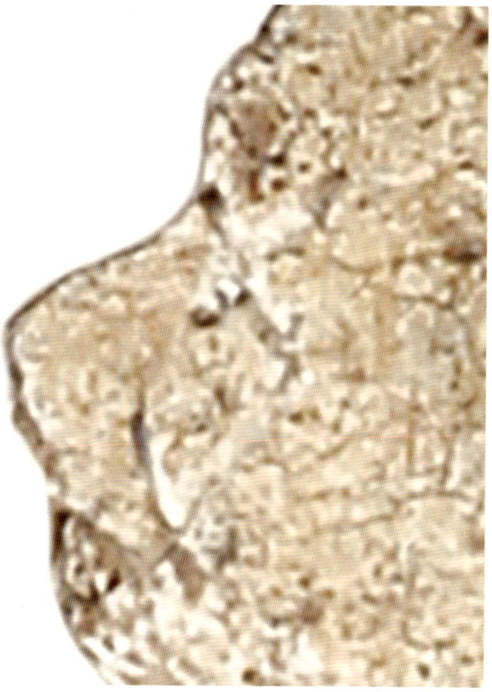

297 照片（局部）

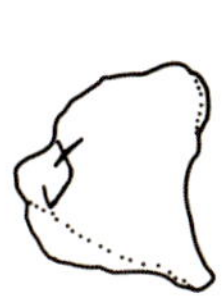

297 摹本

編號：298
材質部位：牛胛骨
著録：無
類別：待定
館藏編號：248
釋文：……寅……

298 照片

正面

反面

上面

下面

左面

右面

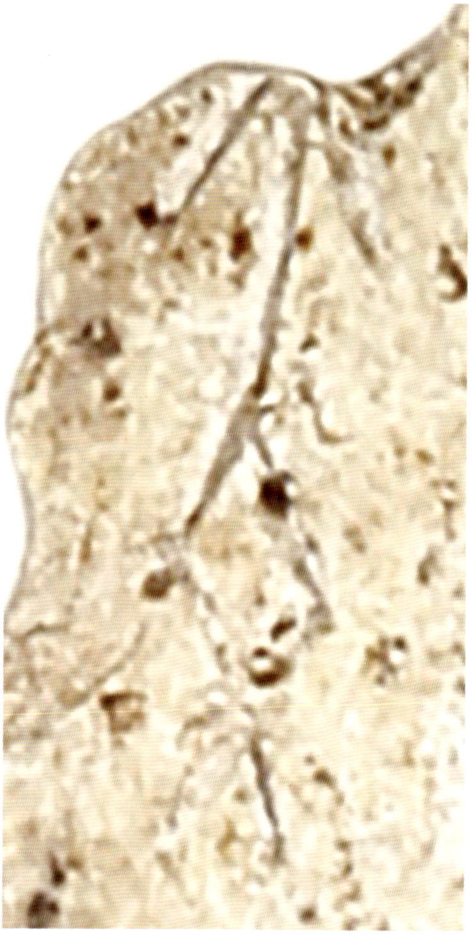

298 照片（局部）

298 摹本

編號：299
材質部位：龜腹甲
著録：無
類別：待定
館藏編號：312
釋文：貞：今……

299照片

正面

反面

上面

下面

左面

右面

299 照片（局部）

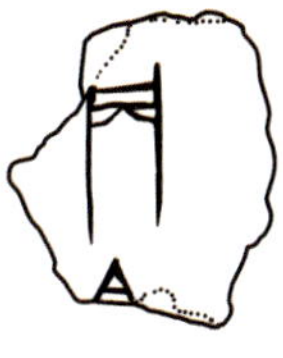

299 摹本

編號：300
材質部位：龜背甲
著録：《新鄉》141
類別：待定
館藏編號：無
釋文：(1)〔□□〕卜……
(2)……囚。

300 照片

正面

反面

上面

下面

左面

右面

300 拓片

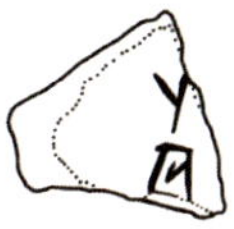

300 摹本

編號：301
材質部位：龜腹甲
著錄：《新鄉》216
類別：可能爲黃組
館藏編號：098
釋文：丁巳……賓……

301 照片

正面

反面

上面

下面

左面

右面

301 拓片

301 摹本

編號：302
材質部位：龜腹甲
著錄：無
類別：待定
館藏編號：139
釋文：……貞……□……

302照片

正面

反面

上面

下面

左面

右面

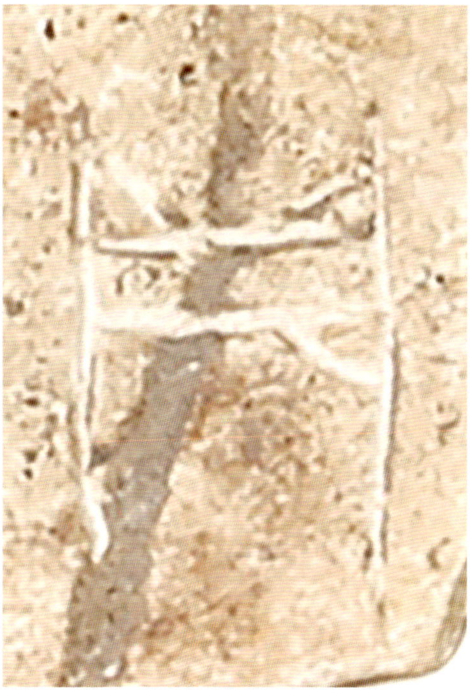

302 照片（局部）

302 摹本

僞刻甲骨

編　號：303
材質部位：龜腹甲
著　録：無
説　明：僞刻

303 照片

正面

反面

上面

下面

左面

右面

編號：304
材質部位：龜腹甲
著録：無
説明：僞刻

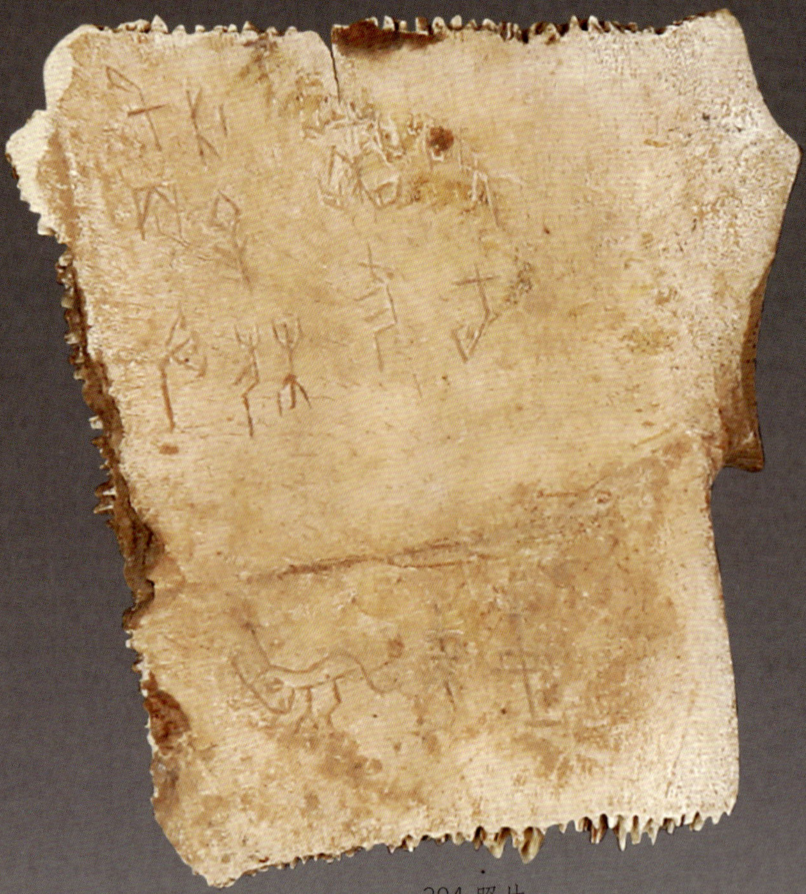

304 照片

上面

下面

左面

右面

正面

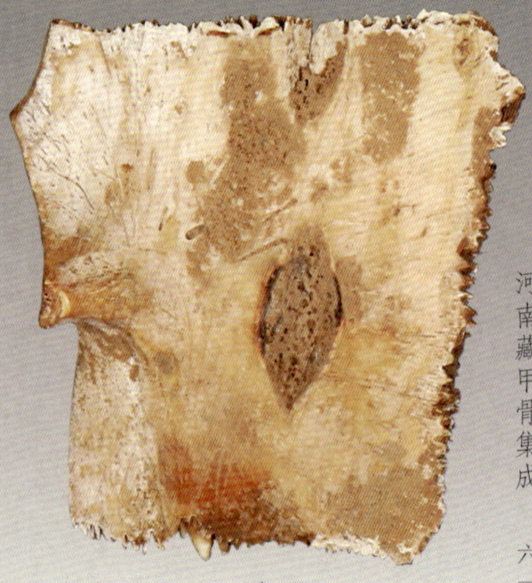

反面

編號：305
材質部位：龜腹甲
著錄：無
説明：僞刻

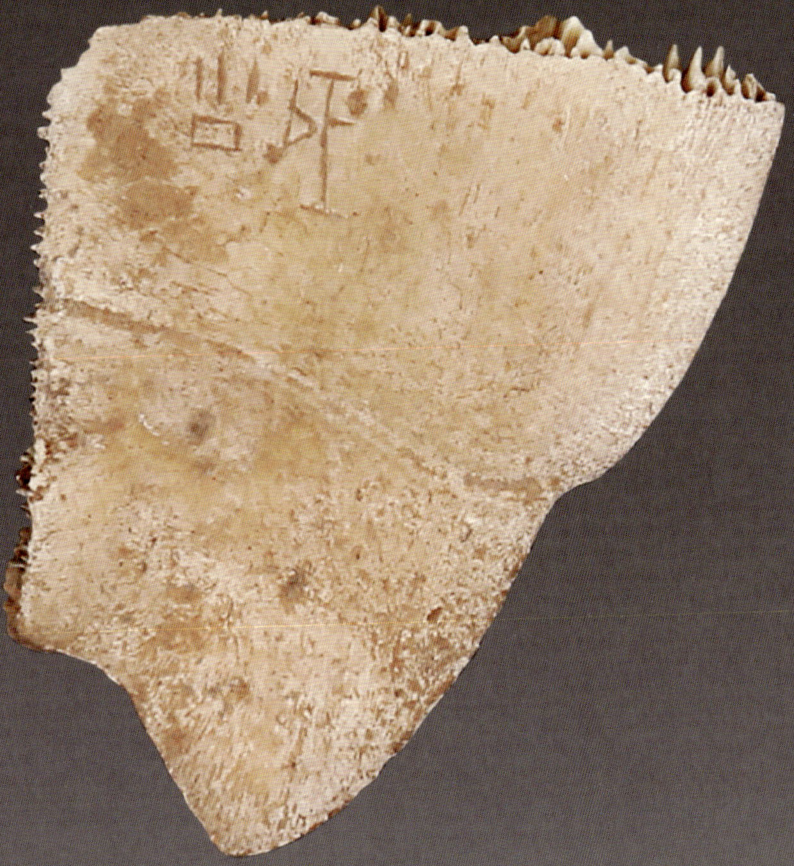

305照片

正面

反面

上面

下面

左面

右面

編號：306
材質部位：龜腹甲
著録：無
説明：僞刻

306 照片

上面

下面

左面

右面

正面

反面

編號：307
材質部位：龜腹甲
著録：無
説明：僞刻

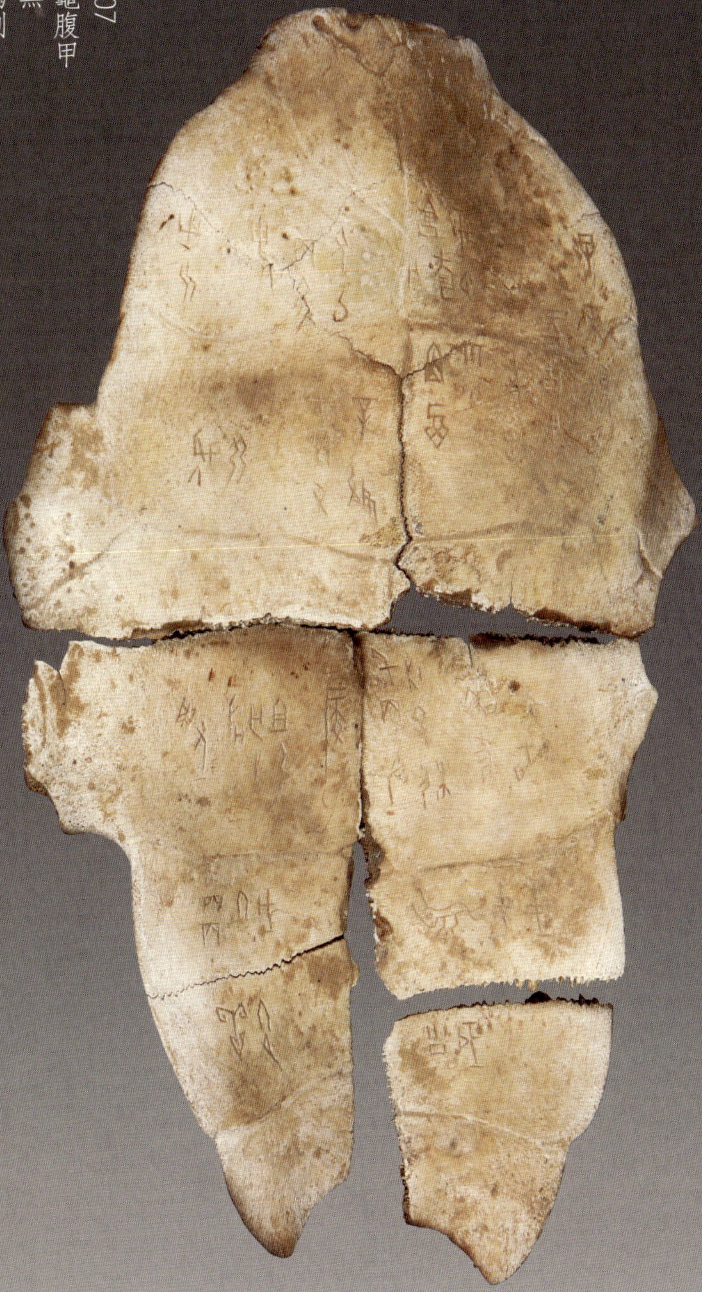

307 照片

編號：308
材質部位：牛胛骨
著錄：無
説明：僞刻

308 照片

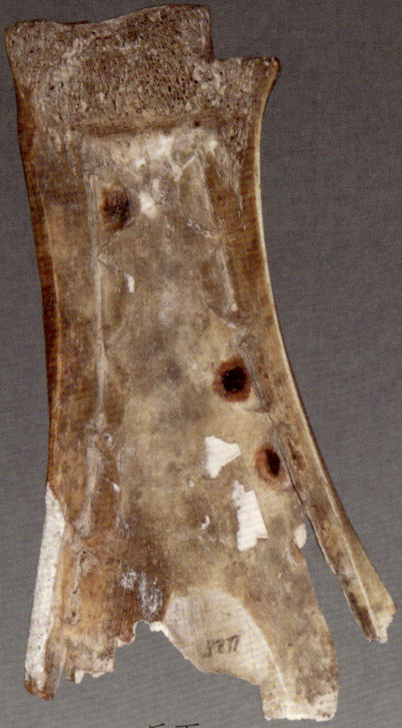
反面

正面

上面

下面

左面

右面

編號：309
材質部位：龜腹甲
著録：無
説明：僞刻

309 照片

上面

下面

左面

右面

正面

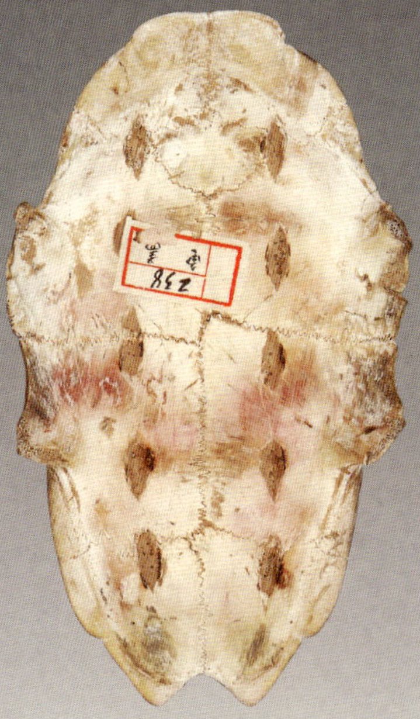
反面

編　號：310
材質部位：牛胛骨
著　録：無
説　明：僞刻

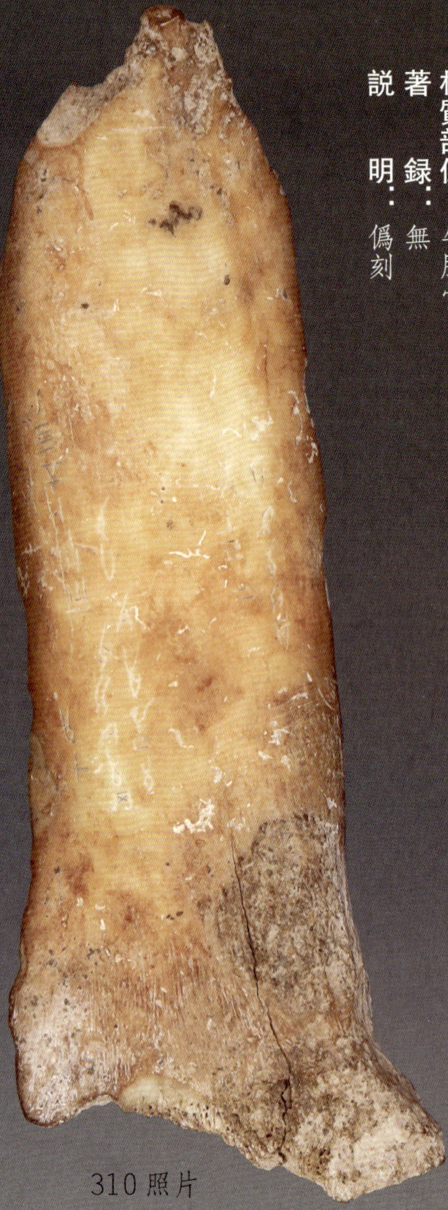

310照片

上面

下面

左面

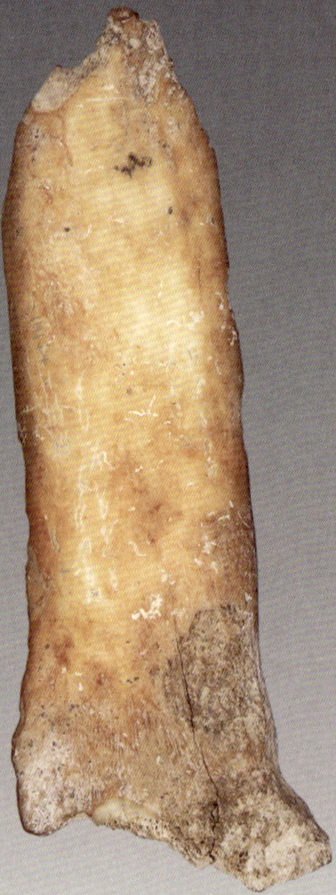

正面

反面

右面

引用資料簡稱表

《合集》——《甲骨文合集》
《合補》——《甲骨文合集補編》
《存下》——《甲骨續存》下
《通》——《卜辭通纂》
《龜》——《龜甲獸骨文字》
《歷拓》——《中國社會科學院歷史研究所藏拓本》
《新鄉》——《新鄉博物館藏甲骨》
《介紹》——《新鄉博物館藏殷墟甲骨介紹》

圖片索引

有字甲骨

頁碼	圖片	編號
二		001
四		002
六		003
八		004
十		005

頁碼	圖片	編號
十二		006
十四		007
十六		008
十八		009
二〇		010

頁碼	圖片	編號
二二		011
二四		012
二六		013
二八		014
三〇		015

頁碼	圖片	編號
三二		016
三四		017
三六		018
三八		019
四〇		020

頁碼	圖片	編號
四二		021
四四		022
四六		023
四八		024
五〇		025

頁碼	圖片	編號
五二		026
五四		027
五六		028
五八		029
六〇		030

頁碼	圖片	編號
六二		031
六四		032
六六		033
六八		034
七〇		035

頁碼	圖片	編號
七二		036
七四		037
七六		038
七八		039
八〇		040

頁碼	圖片	編號
八二		041
八四		042
八六		043
八八		044
九〇		045

頁碼	圖片	編號
一〇二		051
一〇四		052
一〇六		053
一〇八		054
一一〇		055

頁碼	圖片	編號
九二		046
九四		047
九六		048
九八		049
一〇〇		050

頁碼	圖片	編號
一一二		056
一一四		057
一一六		058
一一八		059
一二〇		060

頁碼	圖片	編號
一二二		061
一二四		062
一二六		063
一二八		064
一三〇		065

頁碼	圖片	編號
一三二		066
一三四		067
一三六		068
一三八		069
一四〇		070

頁碼	圖片	編號
一四二		071
一四四		072
一四六		073
一四八		074
一五〇		075

頁碼	圖片	編號
一五二		076
一五四		077
一五六		078
一五八		079
一六〇		080

頁碼	圖片	編號
一六二		081
一六四		082
一六六		083
一六八		084
一七〇		085

頁碼	圖片	編號
一七二		086
一七四		087
一七六		088
一七八		089
一八〇		090

頁碼	圖片	編號
一八二		091
一八四		092
一八六		093
一八八		094
一九〇		095

頁碼	圖片	編號
一九二		096
一九四		097
一九六		098
一九八		099
二〇〇		100

頁碼	圖片	編號
二〇二		101
二〇四		102
二〇六		103
二〇八		104
二一四		105

頁碼	圖片	編號
二一六		106
二一八		107
二二〇		108
二二二		109
二二四		110

頁碼	圖片	編號
二二六		111
二二八		112
二三〇		113
二三二		114
二三四		115

頁碼	圖片	編號
二三六		116
二三八		117
二四〇		118
二四二		119
二四四		120

頁碼	圖片	編號
二四六		121
二四八		122
二五〇		123
二五二		124
二五四		125

頁碼	圖片	編號
二五六		126
二五八		127
二六〇		128
二六二		129
二六四		130

頁碼	圖片	編號
二六六		131
二六八		132
二七〇		133
二七二		134
二七四		135

頁碼	圖片	編號
二七六		136
二七八		137
二八〇		138
二八二		139
二八四		140

頁碼	圖片	編號
二八六		141
二八八		142
二九〇		143
二九二		144
二九四		145

頁碼	圖片	編號
二九六		146
二九八		147
三〇〇		148
三〇二		149
三〇四		150

頁碼	圖片	編號
三〇六		151
三〇八		152
三一〇		153
三一二		154
三一四		155

頁碼	圖片	編號
三一六		156
三一八		157
三二〇		158
三二二		159
三二四		160

頁碼	圖片	編號
三二六		161
三二八		162
三三〇		163
三三二		164
三三四		165

頁碼	圖片	編號
三三六		166
三三八		167
三四〇	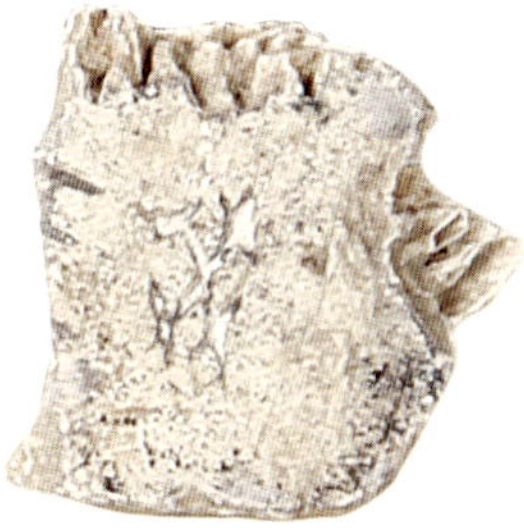	168
三四二		169
三四四		170

頁碼	圖片	編號
三四六		171
三四八		172
三五〇		173
三五二		174
三五四		175

頁碼	圖片	編號
三六六		181
三六八		182
三七〇		183
三七二		184
三七四		185

頁碼	圖片	編號
三五六		176
三五八		177
三六〇		178
三六二		179
三六四		180

頁碼	圖片	編號
三七六		186
三七八		187
三八〇		188
三八二		189
三八四		190

頁碼	圖片	編號
三八六		191
三八八		192
三九〇		193
三九二		194
三九四		195

頁碼	圖片	編號
三九六		196
三九八		197
四〇〇		198
四〇二		199
四〇四		200

頁碼	圖片	編號
四〇六		201
四〇八		202
四一〇		203
四一二		204
四一四		205

頁碼	圖片	編號
四二六		211
四二八		212
四三〇		213
四三二		214
四三八		215

頁碼	圖片	編號
四一六		206
四一八		207
四二〇		208
四二二		209
四二四		210

頁碼	圖片	編號
四四〇		216
四四二		217
四四四		218
四四六		219
四四八		220

頁碼	圖片	編號
四五〇		221
四五二		222
四五四		223
四五六		224
四五八		225

頁碼	圖片	編號
四七〇		231
四七二		232
四七四		233
四七六		234
四七八		235

頁碼	圖片	編號
四六〇		226
四六二		227
四六四		228
四六六		229
四六八		230

頁碼	圖片	編號
四八〇		236
四八二		237
四八四		238
四八六		239
四八八		240

頁碼	圖片	編號
四九〇		241
四九二		242
四九四		243
四九六		244
四九八		245

頁碼	圖片	編號
五一〇		251
五一二		252
五一四		253
五一六		254
五一八		255

頁碼	圖片	編號
五〇〇		246
五〇二		247
五〇四		248
五〇六		249
五〇八		250

頁碼	圖片	編號
五二〇		256
五二二		257
五二四		258
五二六		259
五二八		260

頁碼	圖片	編號
五三〇		261
五三二		262
五三四		263
五三六		264
五三八		265

頁碼	圖片	編號
五四〇		266
五四二		267
五四四		268
五四六		269
五四八		270

頁碼	圖片	編號
五五〇		271
五五二		272
五五四		273
五五六		274
五五八		275

頁碼	圖片	編號
五六〇		276
五六二		277
五六四		278
五六六		279
五六八		280

頁碼	圖片	編號
五七〇		281
五七二		282
五七四		283
五七六		284
五七八		285

頁碼	圖片	編號
五八〇		286
五八二		287
五八四		288
五八六		289
五八八		290

頁碼	圖片	編號
五九〇		291
五九二		292
五九四		293
五九六		294
五九八		295

頁碼	圖片	編號
六一〇		301
六一二		302

頁碼	圖片	編號
六〇〇		296
六〇二		297
六〇四		298
六〇六		299
六〇八		300

僞刻甲骨

頁碼	圖片	編號
六一五		303
六一六		304
六一七		305
六一八		306

頁碼	圖片	編號
六一九		307
六二〇	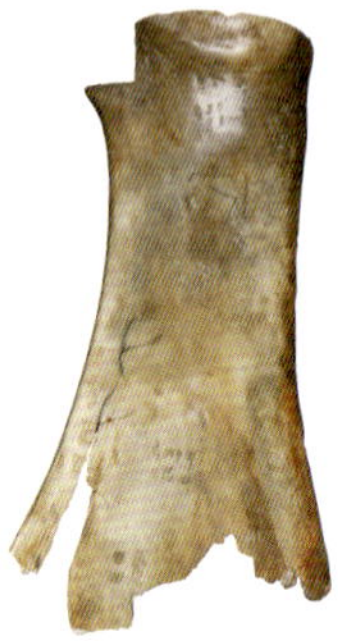	308
六二一		309
六二二	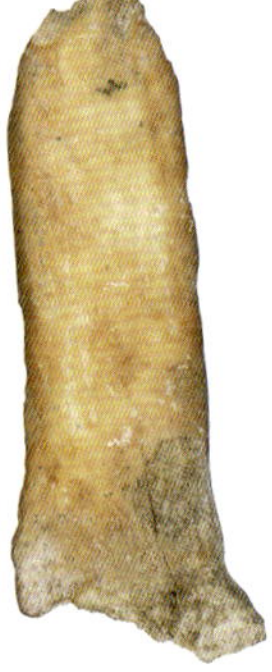	310

後記

新鄉是舊平原省的省會，新鄉市博物館（平原博物院）館藏甲骨素有『河南之最』的美譽。惜乎除了當年編纂《甲骨文合集》之時，有部分著録，絶大多數的甲骨拓本、照片一直不曾被公布過。後來新鄉市博物館的朱旗先生在《華夏考古》上著文做了整理和研究，這批珍貴的文物資料始克被學界研究和利用。

在完成了《河南藏甲骨集成·開封博物館卷》和《河南藏甲骨集成·周口關帝廟博物館卷》的整理之後，經過多方的努力和協助，我們終於有機會見到新鄉市博物館所藏甲骨的廬山面目。時間已經是2023年4月，華北平原正是荼蘼開盡，春事欲了。

經過一周時間的緊張工作，新鄉市博物館甲骨的拍攝工作告一段落。由於受到文物新政策的限制，我們無法像往常一樣把拍攝與墨拓工作同步進行，采用舊拓，實在是不得已而爲之。舊拓爲中國社會科學院歷史研究所所做，原拓片被帶回北京，新鄉市博物館僅有複印本。承孫亞冰女士告知，原拓被用於《甲骨文合集》的製版，所裏所留僅有三紙而已。因此，本次新鄉市博物館甲骨的整理工作，沒有全新的拓片，成爲莫大的遺憾。而實際出現的問題更有超出意料之外者：把照片與拓片逐一對照之後，發現部分甲骨連舊拓也没有，於是我們祇好采用甲骨的局部放大照片代替。

感謝新鄉市博物館郝永飛書記的慨允，不然這批甲骨不知道何時才能被重新加以著録。河南美術出版社原副總編陳寧先生（現爲銷售與市場雜志社社長）爲本次甲骨整理做了很多協調工作。河南美術出版社王廣照社長、康秀花總編輯爲本書的出版提供了最大可能的支持。鄭州大學漢字文明傳承傳播與教育研究中心的李運富先生始終關心本書的進展，這些都是令我們至爲感謝的。

受學識所限，我們的整理工作不可避免地會出現很多失誤，懇請廣大專家和讀者提出批評和指正。希望在接下來的工作中，能得到改進和提高。

2024年7月23日，張新俊記於南陽